臺灣歷史與文化 研究輯刊

二五編

第 **7** 冊

臺灣省政府疏遷與宿舍群的發展（1955～2022）

鄒孟廷 著

花木蘭文化事業有限公司

國家圖書館出版品預行編目資料

臺灣省政府疏遷與宿舍群的發展（1955～2022）／鄒孟廷 著
-- 初版 -- 新北市：花木蘭文化事業有限公司，2024〔民113〕
目 6+184 面；19×26 公分
（臺灣歷史與文化研究輯刊二五編；第 7 冊）
ISBN 978-626-344-697-7（精裝）
1.CST：臺灣省政府 2.CST：國民政府遷臺 3.CST：新市鎮
4.CST：臺灣史
733.08   112022554

ISBN-978-626-344 697-7

9 786263 446977

臺灣歷史與文化研究輯刊
二五編　第七冊　　　　　ISBN：978-626-344-697-7

臺灣省政府疏遷與宿舍群的發展（1955～2022）

作　　者　鄒孟廷
總 編 輯　杜潔祥
副總編輯　楊嘉樂
編輯主任　許郁翎
編　　輯　潘玟靜、蔡正宣　美術編輯　陳逸婷
出　　版　花木蘭文化事業有限公司
發 行 人　高小娟
聯絡地址　235 新北市中和區中安街七二號十三樓
　　　　　電話：02-2923-1455／傳真：02-2923-1452
網　　址　http://www.huamulan.tw 信箱 service@huamulans.com
印　　刷　普羅文化出版廣告事業
初　　版　2024 年 3 月
定　　價　二五編 12 冊（精裝）新台幣 36,000 元

臺灣省政府疏遷與宿舍群的發展（1955～2022）

鄒孟廷　著

作者簡介

鄒孟廷，臺南人，國立嘉義大學應用歷史系學士、國立中興大學歷史系碩士，現任翰林出版社國中社會領域編輯。興趣領域包括臺灣區域史、環境史、城市規劃，人與環境的互動是連續性的，兩者該如何取得平衡為一有趣的研究課題。

除了文獻資料的分析，更喜歡透過田野調查與口述訪談，實地考察自然環境與人文風貌，共同將蘊含空間與時間特色之歷史記憶傳承下去。

提　　要

1950 年代中期，原位於臺北的臺灣省政府疏遷中部，陸續於中臺灣興建光復新村、中興新村、長安新村、審計新村與黎明新村，五大省府宿舍群對於戰後臺灣的歷史記憶是不可或缺的。因此本文以臺灣省政府的疏遷、省府宿舍群之規劃與興建為主軸，除了建構省府執行疏遷政策、精省之背景與發展脈絡外，更進而呈現各宿舍群之規劃藍圖、興建內容及現況差異。

原位於臺北的臺灣省政府疏遷至中部，主要受戰後中華民國政府遷臺影響之故。撤退來臺後除了造成行政院辦公廳舍不足外，兩岸局勢的不穩定導致省府自 1950 年代開始執行一系列的防空疏散政策。同時韓戰爆發、中美共同防禦條約的簽訂，以及兩岸戰事接連發生下，不僅使當時在臺的中華民國政府反攻大陸之可能性日漸降低，同時省府從最初的「疏散」外雙溪演變成「疏遷」中部。於此同時，二戰後的臺灣於美援之際相當重視人才培育與技術引進，擔任疏散工程處主任的劉永楙，獲取聯合國獎助學金赴英考察新市鎮，其概念融合了田園城市、鄰里單元及第一代新市鎮之規劃特色。

劉永楙考察完畢後，將其所學應用至 1950 年代末的光復新村、中興新村之規劃，與 1970年代的黎明新村三者皆能兼顧社區居民生活之方便性與可及性，不僅貼近劉永楙所考察的英國田園城市、第一代新市鎮之規劃理念，同時也充分體現了社區整體自足性與可及性，是為將住宅、生活機能兩者合而為一之功能社區；反之，1960 年代所興建的長安新村、審計新村，生活機能皆仰賴附近學區與商圈，在生活型態上較缺乏自給自足原則，且社區內公共設施之建造、主要幹道之設計等尚無明顯特徵。

在疏遷政策的執行之下，省府為因應辦公人員及眷屬辦公、居住等需求而興建宿舍群。惟至 1990 年代以後精省、眷舍房地處理等政策之發佈與實行，使原本繁榮的省府宿舍群慢慢地走向凋零。其後，在政府與民間之努力下分別以文化保存、拆遷與持續運作等發展作為續篇，甚至可與現今環境變遷之課題互相探討。

目

次

第一章 緒 論

第一節 研究動機與目的

　　1945 年（民國 34 年）8 月日本宣布投降，中國卻因國共雙方之矛盾而旋即進入內戰的開始，[註1] 在三大戰役之後，國軍無論東北、華北及華東戰場均節節敗退。[註2] 直至 1949 年（民國 38 年）10 月 1 日中華人民共和國宣布成立，中華民國政府則於同年 12 月 7 日移至臺北。[註3]

　　上述情形不僅造成兩岸對峙的局面，同時開啟臺灣省政府之疏遷工程的序幕，並陸續開闢荒地興建新市鎮（或稱宿舍群），1955 年（民國 44 年）為使工程進度順利進行，而成立疏散工程處負責房屋及公共工程之計畫，劉永楙則擔任該處主任。以下為人事處副處長胡心本描述當時疏遷工作之情況：

> 省府疏遷工作當年是採分批分期方式，依序進行，所有的公務器材
> 大多打包裝箱，用粗麻繩雙線捆打成雙十或井字型，以方便搬動，
> 就是連桌、椅也不例外，好像是訓練有素的部隊移防一般。[註4]

〔註 1〕引發內戰的主因：中共方面在於想要保持其在抗戰期間所獲得的一切地盤與成果；國府方面則是如何限制中共進一步擴張，以保證國府的相對優勢，因此隨著日本無條件投降，國共雙方的矛盾與衝突隨即展開。參見自薛化元、李福鐘、潘光哲，《中國現代史》（臺北市：三民書局，1998 年），頁 179。

〔註 2〕林桶法，《1949 大撤退》（臺北市：聯經出版，2009 年），頁 44。

〔註 3〕李永熾監修、薛化元主編，《臺灣歷史年表，終戰篇 I（1945～1965）》，頁 94、98。

〔註 4〕林金田等採訪紀錄、黃宏森、林明洲編輯，《臺灣省政人物口述訪談（二）》（南投：國史館臺灣文獻館，2011 年），頁 138。

　　疏遷工作開始進行後，首先 1956 年（民國 45 年），位於霧峰坑口的「光復新村」落成，為臺灣省政府興建的第一個宿舍群，且作為日後其他新市鎮興建的典型示範；中興新村的興建大約始於 1955 年（民國 44 年），隔年竣工完成，不過其規劃工作早在 1952 年（民國 41 年）就已著手籌備，〔註5〕整體社區設計以規劃辦公與住家合一的概念作為基礎，過去為當地帶來了繁榮至今仍為熱門的旅遊景點。之後，1960 年代省政府分別在臺中市北屯區與西區興建「長安新村」及「審計新村」。到了 1970 年代末，位於南屯區的最後一個大型省府宿舍群「黎明新村」也宣告完工。

　　關於省府宿舍群之現況，首先，光復新村在時代的變遷下漸漸遭到遺忘，直至九二一大地震後，政府與居民意識到應該將此空間活化再利用，現今有許多特色店家進駐，同時也是電影、電視劇的拍攝場景；其次，中興新村與審計新村則是以當地獨特的老建築，去改造成熱門的旅遊打卡景點，同時中興新村內的臺灣歷史文化園區將 1960 年代當時的榮景傳承下來。審計新村內的老舊建築充滿了時代的痕跡，經由政府規劃並成功轉型為青年創業基地；接著，長安新村在精省之後閒置已久，因治安問題的考量，當地居民對臺中市政府提出拆除的意見；最後，黎明新村為省府在臺灣興建最後一個的大型新市鎮，不僅有許多政府機關進駐還包括公家宿舍的功能。整體社區規劃為辦公與住家合一，採用低密度開發、高綠化的空間設計，並具備完善的公共設施以及健全的生活機能，如活動中心、市場以及幼兒到中等教育之學校。〔註6〕

　　綜上所述，省府宿舍群為省府公務人員入住，與臺灣一般眷村由軍人入住之性質不同，為臺灣省政府疏遷政策下的產物。除了在戰後臺灣史方面實有其研究價值之外，同時本文以下列問題做為研究宗旨：首先，中華民國政府移至臺灣，起初省府的疏散政策為何演變成將原位於臺北的臺灣省政府疏遷至中部？其次，為使疏遷工程順利進行，省府成立疏散工程處且任命劉永楙擔任該處主任，此人對於疏遷政策的角色定位為何？對於宿舍群之籌備有何重要性？再者，五大省府宿舍群之興建時間點皆座落於 1950～1970 年代，其中部分宿舍群之社區籌備為當時最具現代化之新市鎮，其規劃概念與興建特色

〔註 5〕 呂芳上等訪問、謝采秀等紀錄，《都市計畫前輩人物訪問記錄》（臺北：中研院近史所，2000 年），頁 79。

〔註 6〕 臺中市政府觀光旅遊局，https://travel.taichung.gov.tw/zh-tw/Attractions/Intro/1074/%E9%BB%8E%E6%98%8E%E6%96%B0%E6%9D%91，瀏覽日期：2020 年 4 月 17 日。

是什麼？最後，在 1990 年代的中央政策的執行下，各宿舍群之現況為何？又如何面對轉型或沒落的危機？以上皆為本文所討論的課題。有鑑於此，本文旨在討論戰後臺灣省政府疏遷政策的執行過程與實施，進而釐清劉永楙在疏遷政策與工程中的角色，最後探討在此政策之執行下省府宿舍群的規劃概念與興建過程，並進一步運用新市鎮的規劃思維與中央政策的發布執行兩個面向比較各宿舍群之現況差異。

第二節　研究回顧

　　就本文欲探討的課題而言，將先行討論省府疏遷政策之背景並進一步比較省府宿舍群之興建與現況，以下分別從國家政策、新市鎮兩個研究脈絡，進行回顧與評述。首先，國家政策方面，依照接收臺灣、防空疏散、疏遷及精省依序討論，呈現當時在臺行政單位之組織職權、功能與改制，以及自兩岸不穩定的局勢下所採取之防空疏散政策、省府疏遷所下達之命令、精省前後其組織變革的比較與影響；其次，新市鎮方面為省府興建之宿舍群，囊括新市鎮概念之規劃構想與演變、五大宿舍群之個別研究，並依照興建時間排序。

一、國家政策

（一）接收臺灣

　　首先，鄭梓〈戰後臺灣的接收、復原與重建——從行政長官公署到臺灣省政府〉以國家行政單位的改制為主軸，包括政權移轉之背景、臺灣省制之爭議以及訓政時期的臺灣省政府等內容。首先，文章提及二戰後行政長官公署所成立的「臺灣省接收委員會」，處理包括軍事、行政以及日產的接管工作；接著，鄭氏分析臺灣省行政長官之職責與當時中國大陸各省省主席相較之下，行政長官公署把持行政、司法與立法三項大權，不僅行政專制也形容此制度為臺灣總督府的翻版。之後，因陳儀施政風格、民心向背導致二二八事件的發生，臺灣省行政長官公署改制成臺灣省政府，鄭氏提出政府組成結構在改制後，臺籍人士所佔比例的大幅提高、省府委員名額及省府機構漸漸增加、鬆弛省府委員合議制、強化省主席首長制。〔註7〕

　　如上所述，二二八事件後的臺灣最高行政機關，臺灣省行政長官公署改

〔註7〕鄭梓，〈戰後臺灣的接收、復原與重建——從行政長官公署到臺灣省政府〉，《戰後初期的臺灣 1945～1960s》（臺北：國史館，2015 年），頁 3～44。

制為臺灣省政府。相關研究最早大都以組織本身的變更作為探討，並且結合政府再造之理論。曹校雯之論著〈臺灣省政府組織變革之研究〉一文中，曹氏先以官僚體制的演變作為背景，分析官僚體制中的優缺點，不過隨著時代的變化與創新，舊有的政治體制對於政策產出及公共服務品質的提升漸漸陷入窘境，因此該體制如何因應時代的變遷做出變革來符合新時代所需？並以美國、英國、日本的政府再造作為成功案例。其中，曹氏又以臺灣省政府組織的精簡與改變，作為官僚體制演變脈絡下的產物，透過組織精簡與再造工作，讓原有的省府組織於中央與地方能發揮最大的功用。〔註8〕

（二）防空疏散

　　1949年（民國38年）中華民國政府遷臺後造成兩岸局勢的不穩定，因此在臺無論中央及地方皆擬定並執行防空疏散措施。臺灣當局為了加強防禦能力除了興建防空洞、人員疏散等措施外，格外重視完整配套的通信系統。例如：李君山〈政府遷臺前期防空體系之建構（1949～1966）——以防空通信為中心的考察〉，1949年（民國38年）以前臺灣電信事業發展緩慢，隨著中華民國政府遷臺、中共軍力提升以及1950年代末八二三炮戰爆發等情況下，更使政府重視防空通信建設之發展。另外，正值省府執行疏遷計畫至中興新村，提出「省縣市無線電通信網」，省府與各縣市政府可利用無線電互相聯繫、收發電報，改善中央與地方各機關之間的通信能力。〔註9〕

　　另外，中華民國政府遷臺後所執行的防空疏散政策，大多以外在國家軍事危機而變化，例如：〈政府在臺防空措施初探（1949～1975）〉首先探討臺灣早在日治時期已有防空概念，二戰後所運用的防空設施大多沿用日治時期所興建之系統；其次，從中可發現自1949年（民國38年）至1975年（民國64年）臺灣當局的防空政策分成四個階段，並為配合當時國際局勢、兩岸軍事情況而作調整，例如：韓戰、大陳島之役及八二三炮戰等。〔註10〕因此筆者欲以上述歷史事件，所影響臺灣當局的防空疏散政策之過程為背景，進一步探討接續省府執行疏遷計畫之脈絡。

〔註8〕 曹校雯，〈臺灣省政府組織變革之研究〉，臺北：國立臺灣大學三民主義研究所碩士論文，1999年。

〔註9〕 李君山，〈政府遷臺前期防空體系之建構（1949～1966）——以防空通信為中心的考察〉，《檔案季刊》第9卷第2期（2010年6月），頁94～113。

〔註10〕 李君山，〈政府在臺防空措施初探（1949～1975）〉，《中華軍史學會會刊》第15期（2010年9月），頁45～77。

（三）疏遷

從 1950 年代省府的疏遷政策帶動了宿舍群的發展，關於省府疏遷工作的相關研究最顯著的為陳胤宏〈遠離臺北：臺灣省政府「疏遷」之研究（1945～1960）〉，陳氏主要是以歷史角度去探討有關其疏遷背景之研究，為省府新市鎮的形成之重要課題。一方面也為臺灣省政府的疏遷過程做了編年史的總整理。另外此文的時間斷限可以分成兩個階段：

第一階段為 1947 年至 1955 年（民國 36 至 44 年），臺灣省政府是設在臺北，但是 1949 年（民國 38 年）中華民國政府撤退來臺後，形成中央與省級地方同處臺北一地，行政轄區幾乎重疊的情況；第二階段為 1955 年（民國 44 年），中華民國政府將省政府遷離臺北，將省政府疏遷至中部地區時，做為省政府的疏遷地。主要是因自中華民國政府遷臺之後，兩岸情勢一直處於緊張的狀態。因政局需要，國府開始推動防空疏散政策且在基於軍事國防、政治的考慮之下，計畫將臺灣省政府遷離臺北。陳氏一文中從霧峰到營盤口的疏遷計畫、營盤口計畫的推動與最後遷至中興新村，探討對於省政府疏遷至中部及其反響。〔註11〕

（四）精省

疏遷政策的發布奠定了宿舍群的發展，但之後於 1998 年（民國 87 年）臺灣省政府虛級化又稱為精省，此政策之發布使省府宿舍群面臨了各自不同的命運。關於精省政策方面的研究，首先〈臺灣省政府精省的社會發展解析〉一文中，楊克華先提及「省」這個單位最早於唐代出現，之後介紹臺灣從荷治至日治時期的中央行政機構。楊氏一文中不僅述及在精省過程中國發會、國民大會與立法院的角色，也說明精省制度的實行是匆促的，整體來說其政治效益大於人民效益，對於日後臺灣社會發展是值得探討的問題之一。〔註12〕

〈精省前後臺灣省政府交際科角色扮演之比較研究〉一文中，王奕興以省政府秘書處的下級機關交際科為主題，交際科為政府與人民之間主要的溝通管道，工作業務除了負責處理省主席臨時交辦事項，還包括了寄送生日賀卡、賀年卡給相關政要、婚喪喜慶的探視及主席應酬餐會之辦理與安排。另外在功能方面，包括塑造首長良好的形象進而拓展實質上的國際外交、處理穩定

〔註11〕陳胤宏，〈遠離臺北：臺灣省政府「疏遷」之研究（1945～1960）〉，南投：國立暨南國際大學歷史研究所碩士論文，2007 年。

〔註12〕楊克華，〈臺灣省政府精省的社會發展解析〉，臺北：世新大學社會發展研究所碩士論文，2003 年。

的社會關係與人群凝聚力，並維持政府與人民的雙向溝通等等，顯示出交際處的重要性。不過，精省之後交際處的角色卻有所變動，王氏運用當時交際處人員之口述資料，顯示出省府精省之後，交際處雖仍然扮演著主席守門員的角色，但其原有功能與所需經費卻在中央實施精省後而大大被削減。〔註13〕

二、新市鎮

　　首先在時代背景方面，《城市花園城市：用歷史塑造花園城市》（*The Urban Garden City: Shaping the City with Gardens Through History*）、〔註14〕《花園城市烏托邦：埃比尼澤霍華德的批判傳記》（*The Garden City Utopia: A Critical Biography of Ebenezer Howard*）〔註15〕以霍華德田園城市理論之誕生，搭配 19 世紀末歐洲城市之轉型作為背景，呈現此時期的城市在一系列之變革下有何措施？其次，《明日田園城市》（*Garden Cities of To-Morrow*）〔註16〕則著眼於田園城市之規劃理論，在環境規劃方面包括道路、房屋、公共設施及供水系統之配置；在土地改革方面則強調土地權屬部分；最後《現代都市地景》（*The modern urban landscape*）、〔註17〕《明日城市：二十世紀城市規劃設計的思想史》（*Cities of tomorrow: an intellectual history of urban planning and design in the twentieth century*），〔註18〕分析 19 世紀末田園城市提出之後，呈現其對於 20 世紀後全球的城市規劃理論之重要性，包括美國鄰里單元與雷特朋計畫等概念之產生，以及上述概念自田園城市提出之後，對於英國第一代新市鎮之規劃與興建產生何種影響？

（一）田園城市（Garden Cities）

　　田園城市理論（Garden Cities）於 19 世紀末由英國倡議者霍華德提出，對

〔註13〕王益興，〈精省前後臺灣省政府交際科角色扮演之比較研究〉，臺中：東海大學公共事務研究所碩士在職進修專班論文，2004 年。

〔註14〕Sandrine Glatron, Laurence Granchamp, *The Urban Garden City: Shaping the City with Gardens Through History* (Switzerland: Springer International Publishing AG, 2018).

〔註15〕Robert Beevers, *The Garden City Utopia: A Critical Biography of Ebenezer Howard* (London: MacMillan, 1988).

〔註16〕Ebenezer Howard, *Garden Cities of To-Morrow* (Cambridge Massachusetts: The Massachusetts Institute of Technology Press, 1965).

〔註17〕Edward Relph, *The modern urban landscape* (Baltimore: Johns Hopkins University Press, 1987).

〔註18〕Peter Hall, *Cities of tomorrow: an intellectual history of urban planning and design in the twentieth century*, (UK : Blackwell Pub, 2002).

於該理論之相關研究，陳芳君的〈艾班尼澤・霍華德（Ebenezer Howard，1850～1928）與其「田園城市」理論〉一文總共分成三個部分。首先，藉由19世紀的工業革命來建構霍華德提出田園城市理論的背景，包括環境衛生、人口不均等問題。

其次，再以霍華德個人生平為主除了介紹個人之成長環境之外，對於工作經歷、前人著作的啟發也有較詳細之描述，包括霍華德於芝加哥工作時，親眼見證一座城市如何歷經火災後重生之過程、閱讀《進步與貧窮》（Progress and Poverty）、《回顧》（Looking Backward）等書籍後於1898年正式出版《明日：一條通向真正改革的和平道路》（To-morrow: A Peaceful Path to Real Reform）並以田園城市理論為主軸。

接著，陳氏具體呈現田園城市理論包括道路、鐵路、公共設施與土地改革等規劃構想；最後再以20世紀初英國萊奇沃斯（Letchworth）、韋林（Welwyn）兩座田園城市相互比較。整體來說，兩座城市在土地運用方面與霍華德之構想不符，不過在環境規劃方面大部分皆採用此構想，對於全球19世紀末至20世紀初之城市規劃具有承先啟後之作用。〔註19〕

相較於以城市規劃角度作探討之外，從藝術視角作為出發點更可呈現田園城市構想圖之具體的形塑。例如：張琳的〈「一個簡單生活的地方」：瑞克利夫（William Ratcliffe，1870～1955）筆下的田園城市〉、〈從「萬能鑰匙」到「永久居住」──田園城市早期的圖像和形象（1898～1909）〉等著作。前者著眼於比較各畫家對於第一座田園城市，萊奇沃斯風景之呈現與背後含義；〔註20〕後者不僅以田園城市的圖像歷史作為新視角──分析其各自之基本特徵外，強調大自然和綠意此二重要元素充分體現霍華德田園城市的視覺再現。〔註21〕

（二）省府宿舍群

1. 光復新村

光復新村之發展最早可追溯至日治時期的「坑口農事自治村」，位於現今

〔註19〕陳芳君，〈艾班尼澤・霍華德（Ebenezer Howard，1850～1928）與其「田園城市」理論〉，《史學研究》第22期（2009年7月），頁177～215。

〔註20〕張琳，〈一個簡單生活的地方」：瑞克利夫（William Ratcliffe，1870～1955）筆下的田園城市〉，《藝術評論》第38期（2020年1月），頁1～43。

〔註21〕張琳，〈從「萬能鑰匙」到「永久居住」──田園城市早期的圖像和形象（1898～1909）〉，《興大人文學報》第64期（2020年3月），頁27～46。

光復新村傳統市場的後方。李毓嵐的〈林獻堂的愛佃設施——坑口農事自治村〉一文將重點置於坑口農事自治村的組織、事業及功能，首先 1920 年代日本為解決一戰後歐洲經濟復甦所導致日本國內農作物滯銷、農民生活問題而設立之農業模範村，之後將其經驗引進臺灣。1933 年 11 月在日本當局與霧峰林家的努力下於霧峰坑口地區興建一模範聚落，並推行愛佃設施包括農事改良、國語教學與環境衛生等工作內容，〔註22〕直至戰後省府在此開始規劃興建新市鎮，包括員工辦公廳舍、公共設施等工程，使得光復新村不同於一般國家所興建的官方社區，以日式宿舍建築之原有風格與省府疏遷工程之歷史軌跡為主要特色。

　　光復新村為省府執行疏遷政策後所興建的第一個宿舍群，同時對於疏遷工程初期扮演了重要的角色。林芊合之論著〈霧峰地區現代生活實踐——以光復新村為例〉，首先梳理臺灣戰後都市發展脈絡，透過當時特殊的時空背景，如何成為促使省政府疏遷的關鍵。林氏指出位於都市邊緣的霧峰，在渴望提升經濟發展的期待中迎來了省府的疏遷。然而，省政府疏遷中部奠定了臺中市的發展，最大受益者卻非屬霧峰，不過對於霧峰整個從清領時期林家家族勢力一直到戰後省府疏遷，林氏不僅用光復新村的興建搭配霧峰地區的發展，同時將時代的背景歷程與當地人民生活的變遷做了一個詳細的結合。〔註23〕

　　2. 中興新村

　　中興新村之相關研究相較於其他四個省府新市鎮，前人對此研究較多且用不同的角度去做探討，筆者分別用建築空間、歷史背景、區域發展三個面向，個別分類作為探討如下：

　　（1）建築空間

　　首先以中興新村興建的規劃建設為主題，〈中興新村疏遷時期建設藍晒圖之研究（1956～1972）〉，謝澤業運用藍晒圖呈現中興新村理想的原始樣貌，全文使用藍晒圖的資訊分析呈現出省政府辦公廳、各種宿舍的空間配置與類型。謝氏不僅利用藍晒圖的規劃，呈現當時中興新村建築的規劃設計，上由掌管一切行政工作的辦公廳，下至員工生活的宿舍庭園及道路設計，同時也利用此文

〔註22〕李毓嵐，〈林獻堂的愛佃設施——坑口農事自治村〉，收於李力庸、張素玢、陳鴻圖、林蘭芳主編，《新眼光——臺灣史研究面面觀》，頁 425～454，新北：稻鄉出版社，2013 年。

〔註23〕林芊合，〈霧峰地區現代生活實踐——以光復新村為例〉，臺中：東海大學建築研究所碩士論文，2011 年。

證明這從無到有的新市鎮，對於當地場域的差異化以及中興新村所自帶的文化資產價值。〔註24〕除此之外，此論著中關於中興新村之新市鎮的概念包括住宅本身、庭園設計、道路與下水道等公共系統的興建，對於筆者碩士論文的啟發與架構有很大的重要性。

〈臺灣花園城市中興新村──烏托邦想像之境？〉，戴嘉慧將烏托邦理念、中興新村劃歸為一種政治威權下的產物、西方花園城市的概念三者做為連接。戴氏於文中提及烏托邦之由下而上的理念，並運用公開透明的平台，讓政府與人民共同參與討論，站在人民角度發現人民真正的需要才更符合烏托邦的精神。〔註25〕

（2）歷史背景

林曉慧之論著〈中興新村流轉年代的文化資產價值〉，對於中興新村之建築空間與歷史背景皆有大篇幅之描述。林氏是以一個國共內戰、省府疏遷中部作為一個時代的大背景，強調中興新村在此歷史事件中扮演一個重要價值，並運用大量的圖片穿插文字說明顯示出其都市計畫系統、景觀系統、建築類型皆可被視為中興新村獨特的文化內涵。林氏提出與中興新村與試驗基地的前身光復新村同時為國府遷臺後執行的宿舍群計畫，其規劃概念對於日後新市鎮之規劃與興建做了典型案例。不過在精省之後，在行政組織精簡化的影響下，中興新村因人口外流而漸漸沒落，直至 2009 年中央將中興新村核定為高等研究園區與重現其當年的榮景。最後林氏於文中結尾提及原有的光復新村與中興新村已面臨不敷使用的情形，因此陸續擴建了長安新村、審計新村與黎明新村。〔註26〕

沈明錦〈中興新村與光華國小的創建及發展（1957～2003）〉分為三個部分。首先探討中興新村舊地名營盤口之早期發展，之後省府疏遷與進駐讓此區的生活景觀，從一個純樸的農業社會轉變至不同的樣貌；其次建構出臺灣省政府疏遷過程之背景、過程以及疏遷工作完成之輪廓，最後再將光華國小的建立與特色歸納為當代省府疏遷下的產物，運用口述歷史與相片重現出當代

〔註24〕謝澤業，〈中興新村疏遷時期建設藍晒圖之研究（1956～1972）〉，雲林：國立雲林科技大學文化資產維護研究所碩士論文，2012 年。

〔註25〕戴嘉慧，〈臺灣花園城市中興新村──烏托邦想像之境？〉，臺北：國立臺北大學都市計劃研究所碩士論文，2013 年。

〔註26〕林曉慧，〈中興新村流轉年代的文化資產價值〉，雲林：國立雲林科技大學文化資產及維護碩士論文，2013 年。

之省政紋理與特色。〔註27〕沈氏不僅梳理省府疏遷工作的原因與背景，也探討中興新村之興建過程，使筆者更能藉由此論文的架構為基礎，以其他省府所興建之新市鎮的形成與發展作為新的研究議題。

（3）區域發展

〈臺灣省政府中興新村對於南投縣發展衝擊之研究〉周志龍用就業、人口、消費、所得這四項指標並抽樣調查分析省府、中興新村對南投縣發展直接關係。〔註28〕王培鴻在〈省府要塞：中興新村聚落空間之社會歷史分析〉描述省府所在地加上政治地位性特殊，所建構而成之鄰里單元「住工合一」之社區空間，在臺灣社會歷史演變中，其空間之象徵變遷過程。〔註29〕〈住宅社區規劃應用鄰里單元之研究——以中興新村為例〉謝孟展站在一個以都市計畫的角度探討住宅社區的規劃建設，對於當地社會結構、都市發展與生活環境的影響。〔註30〕

〈中興新村的現代性——西方理想城鎮規劃的臺灣經驗〉主要以中興新村為研究對象，探討花園城市在臺灣規劃的歷史過程與結果，再藉由文獻資料的蒐集整理、實質空間形態分析與社會空間領域研究，針對中興新村於 1950、60 年代形成前後之概況進行了解。王氏提出中興新村當時的規劃與階級化分意識有關，也就是說中興新村的成員並不是來自社會底層的人民，而是替國家工作的公務人員所居住與辦公。最後對於「似城聚落」與「集體空間」這兩個名詞做了差異性的比較，王氏指出前者為現代建築所規劃的實質空間；後者為人們以群居防禦意識、尚未高度都市化之時代所出現的意識空間。〔註31〕

〈從地方居民角度看中興新村觀光發展之研究〉一文中，林俐雯透過居民的問卷調查與深度訪談，將中興新村多元化的觀光資源呈現出來，並且推出一

〔註27〕沈明錦，〈中興新村與光華國小的創建及發展（1957～2003）〉，臺中：國立臺中教育大學區域與社會發展學系國民小學教師在職進修教學碩士學位論文，2019 年。

〔註28〕周志龍，〈臺灣省政府中興新村對於南投縣發展衝擊之研究〉，臺中：國立中興大學都市計畫研究所碩士論文，1985 年。

〔註29〕王培鴻，〈省府要塞：中興新村聚落空間之社會歷史分析〉，臺北：淡江大學建築工程研究所碩士論文，1990 年。

〔註30〕謝孟展，〈住宅社區規劃應用鄰里單元之研究——以中興新村為例〉，臺中：國立中興大學都市計劃研究所碩士論文，1993 年。

〔註31〕王怡雯，〈中興新村的現代性——西方理想城鎮規劃的臺灣經驗〉，臺中：東海大學建築學系碩士論文，2002 年。

個結論為當地居民大多對中興新村的地方依附感高，對於其觀光發展大多採正面支持，提出中興新村的觀光永續發展，必須建立在居民的集體參與及共識、政府及觀光相關單位的明確目標。〔註32〕

3. 長安新村、審計新村、黎明新村

長安新村、審計新村與黎明新村或許是因其建設時間較晚，相較於以上兩新市鎮之形成背景與功能，前人對此仍無較詳細的研究與分析。首先在長安新村方面，林欣君的〈以利害關係人觀點探討公有土地之開發與管理機制──以臺中市長安新村為例〉於文中點出此官方社區之長期閒置帶來了治安環境隱憂，影響周遭鄰近住戶之安危。〔註33〕

其次為審計新村，張嘉語的〈探討老屋活化再利用之懷舊情感、體驗價值與地方依戀之關係──以審計新村為例〉指出老屋活化再利用之懷舊情感對於無論在體驗價值與地方依戀上，都有正向影響的作用；〔註34〕最後黎明新村方面，1972 年（民國 61 年）部分在臺北的省府單位搬到臺中火車站附近的干城營區，此為黎明辦公區的前身。之後臺灣省政府選定位於現今南屯區的「三厝農場」來做為黎明辦公區的建地，之後在 1970 年代末完工且命名為「黎明新村」。

藉由以上回顧可發現，二戰後國家局勢的轉變，如中華民國政府遷臺、兩岸軍事之緊張關係等，皆直接影響當時被視為地方機關的臺灣省政府之疏遷政策。該政策發布後，為因應省府辦公人員及眷屬之住宿需求，自 1950 年代末至 1970 年代為止共規劃了五大省府宿舍群，見證臺灣省政府的輝煌時期。不過之後卻因 1990 年代的精省制度、九二一大地震下而讓宿舍群面臨各自不同的危機。是以，筆者除了關注國家政策方面之因果關係外，從研讀史料發現，省府部分宿舍群之規劃與興建，是考察外國的新市鎮概念後回臺進行籌備，有仿照歐美新市鎮之意味。因此，新市鎮方面之課題亦須與以上相同時期之國家政策共同討論。

〔註32〕林俐雯，〈從地方居民角度看中興新村觀光發展之研究〉，彰化：國立彰化師範大學地理研究所碩士論文，2017 年。

〔註33〕林欣君，〈以利害關係人觀點探討公有土地之開發與管理機制──以臺中市長安新村為例〉，臺中：逢甲大學土地管理研究所碩士論文，2013 年。

〔註34〕張嘉語，〈探討老屋活化再利用之懷舊情感、體驗價值與地方依戀之關係──以審計新村為例〉，雲林：國立虎尾科技大學休閒遊憩研究所碩士論文，2018 年。

第三節　研究方法與史料介紹

一、研究視角

　　根據以上的研究動機與目的，本文先以省府疏遷政策及宿舍群規劃與興建之過程作為出發點，選定兩個觀察視角進行探討：

　　第一、國家政策，1949 年（民國 38 年）中華民國政府遷臺為本文整體之時空背景。從史料內容可初步發現省府宿舍群之發展過程與中央政策的發布與實施，兩者一脈相連，因此本文試圖運用自 1950 至 1990 年代包括兩岸局勢的演變、中央政策的發布與實施等上述階段所發生之歷史事件建構省府疏遷政策之過程，進而探討各宿舍群之興衰與變遷。

　　第二、城市規劃，此視角則以五個省府宿舍之規劃與興建作為主體。1950 年代省府執行疏遷政策後，為因應員工生活需求而興建宿舍群，其規劃藍圖為參考英國新市鎮概念並加以應用，本文嘗試將省府五大宿舍群之規劃藍圖與興建內容進行比較，而後探討其各自的特色差異。

　　綜上所述，本文以臺灣省政府的疏遷政策與宿舍群之興建為主軸，初步蒐集與上述兩個視角較有關鍵性的史料，完整呈現臺灣省政府在 1949 年（民國 38 年）中華民國政府遷臺之後，所執行之疏遷計畫及宿舍群興建過程之歷史記憶。

二、研究方法

　　本文先以上述國家政策與城市規劃兩個研究視角，先初步進行關鍵史料的蒐集，其後進行之研究方法分別為相關文獻的分析、田野調查及口述訪談。首先為相關文獻分析，文獻內容包括臺灣省政府之疏遷過程包括自規劃、興建、完工與搬遷以及如何參考英國新市鎮概念，並運用至員工宿舍群之規劃等。

（一）相關文獻分析

1. 公文檔案、工程報告書

　　公文檔案方面，首先為臺灣省行政長官公署檔案、臺灣省政府委員會議檔案，前者之史料內容主要為臺灣省正成立前的行政事務，而後者為從首任臺灣省主席魏道明至末任主席林光華為止，總共歷經 18 任主席期間所有之政治首長會議、省政會議與省府委員會議等等，1950 至 1960 年代中的會議內容不僅包含省府疏遷工作執行單位之組織規程、中興新村之風水軼聞，以及疏遷後的員工人數多寡、生活津貼與工作情形之檢討與建議，對於各宿舍群之興建與安排有較詳細的記載。

其次為省級機關檔案，檔案內容偏重於省政府四廳五處（教育廳、衛生處、秘書處、民政廳、財政廳、農林廳、交通處、人事處、交通處）之公文行政檔案，對於個別廳處之會議紀錄有相當程度的呈現；接著為臺灣省議會史料檔案較偏地方性質，內容多為地方政府之討論事項、總務與庶務內容，不過臺灣省議會在當時對於中部疏散工程的經費預算、職員宿舍的興建在會議記錄中皆有行政命令的指示，因此可與較偏中央性質的省府委員會議檔案兩者同時參考比對。

最後，《疏散工程處總報告》〔註35〕亦是不可或缺的材料，疏散工程處為當時省府執行疏遷工程之主要負責單位，此史料內容不僅提及省府疏遷政策之相關單位、沿革發展，同時呈現光復新村、中興新村兩社區之道路、自來水、下水道、辦公廳與宿舍設計圖，囊括歷史沿革與社區規劃兩方面之核心內容，包括省府疏遷政策下地點的選址以及工程之設計等使筆者有較初步的探悉。

2. 私人文書

劉永楙（1910～2007）為福建省閩侯縣人，他所留下來的文書資料為研究戰時與戰後公共工程、都市計畫、自來水系統等衛生工程領域之一手史料，內容包括個人日記與筆記、個人文件與家族親友留存文書，參見表1。〔註36〕劉永楙於1945年（民國37年）參與戰後都市規劃與工程建設，之後擔任建設廳副廳長於其任內推動中興新村建設。值得注意的是，1955年（民國44年）為使工程進度順利進行而成立疏散工程處負責房屋及公共工程之計畫。劉永楙則擔任該處主任，從日記內容中不僅可發現對於省府疏遷地點之決策及安排皆有記載，同時對於省府疏遷之過程有重要的參考價值。

表1：劉永楙文書

系　列	書寫時間	內　容
個人日記與筆記	1937年～1969年 （民國26～58年）	1. 戰時從事軍中衛生勤務。 2. 戰後推動臺灣都市規劃與公共工程建設，後應聯合國聘請派駐中東、非洲等協助自來水工程之歷程，計46冊。

〔註35〕建設廳疏散房屋工程處，《疏散工程處總報告》（南投：臺灣省政府，1960年）。
〔註36〕檔案館新開放文書：劉永楙文書，https://archives.ith.sinica.edu.tw/news_con.php?no=334，中研院臺灣史研究所檔案館，瀏覽日期：2020年11月12日。

個人文件	1940 年～2006 年 （民國 29～95 年）	1. 個人證書。 2. 職業生涯文件。 3. 親友往來之信件、照片，計 32 件。
家族親友留存文書	1951 年～2007 年 （民國 40～96 年）	1. 劉永楙詩詞作品手稿文章。 2. 父親劉以莆與母親楊學英等家族相關資料，計 18 件。

來源：檔案館新開放文書：劉永楙文書，https://archives.ith.sinica.edu.tw/news_con.php?no=334，中研院臺灣史研究所檔案館，瀏覽日期：2020 年 11 月 12 日。

3. 口述歷史資料

《臺灣省政府中興新村耆老口述歷史座談會紀錄》〔註 37〕以中興新村作為主題，運用各辦公廳處單位人員做單元分類進行口述訪問，經過口述訪談的逐字稿內容不僅提供了省府疏遷初期之情況、各廳處人員的安排及分配，還包括了中興新村當地公務人員生活情形、所分配到的生活津貼與實務補給與娛樂方式，豐富了筆者對於中興新村各方面的認識與了解。《歸返：我家和我的故事》、〔註 38〕《都市計畫前輩人物訪問記錄》、〔註 39〕《臺灣省政人物口述訪談（二）》〔註 40〕同樣也以當代省政人物之口述訪談中進行線索的整理，包括上述提到的建設廳副廳長劉永楙、時任省府秘書長謝東閔以及相關廳處主管與人員，對於 1950 至 1960 年代臺灣的所有都市現代化建設，包括疏遷工程、中興新村的建立皆扮演了舉足輕重的角色。

4. 報紙

本研究主要運用的報紙資料有三種分別為中央日報、臺灣省政府公報與聯合報。中央日報於 1928 年（民國 39 年）創刊於上海，直至 2006 年（民國 95 年）正式停刊；臺灣省政府公報為 1947 年（民國 36 年）至 2005 年（民國 94 年），前者內容性質為戰後官方宣導政策之報導，後者大多為省府各辦公單位人員需注意事項之內容，兩者可以互為搭配參考。

聯合報自 1951 年（民國 40 年）創刊發行至今，內容包括 1950 至 1960 年

〔註 37〕臺灣省文獻委員會，《臺灣省政府中興新村耆老口述歷史座談會紀錄》（南投：省文獻會，1998 年）。

〔註 38〕謝東閔，《歸返：我家和我的故事》（臺北市：聯經出版，1998 年）。

〔註 39〕呂芳上等訪問、謝采秀等紀錄，《都市計畫前輩人物訪問記錄》（臺北：中研院近史所，2000 年）。

〔註 40〕林金田等採訪紀錄、黃宏森、林明洲編輯，《臺灣省政人物口述訪談（二）》（南投：國史館臺灣文獻館，2011 年）。

代省府疏遷過程資料、1970 年代五大宿舍群各自之形成背景，以及 1990 年代以後其在地方上的功能以及現今各社區內人民生活的報導與現況等。

（二）田野調查、口述訪談

除了以上相關文獻的分析之外，本文將採取田野調查與口述訪談兩個方式一併進行。首先，對於省府宿舍群的自然環境與人文風貌作實地考察、進行拍照，獲得研究地區的基本資料，在此過程中可以先了解各聚落之生活型態、規劃設計等。其後，再搭配以上文獻所得及田野調查資訊，針對各宿舍群設計訪談大綱，且分別利用平日或假日前往訪問當地代表性和關鍵性人物，包括社區發展協會理事長、派出所、在地商家、耆老、居民等，每次訪談時間約為半小時到兩小時，期望透過以上研究方法所獲取之史料，能使本文之研究成果更貼近歷史事實。

三、研究範圍

本文研究範圍以省府疏遷政策下所興建的宿舍群為主，時間斷限為 1955 至 2022 年（民國 44 至 111 年），並分為三個階段：

第一階段的主要時間點為 1955 至 1960 年（民國 44 至 49 年），此階段由中華民國政府撤退來臺、防空疏散總準備作為開端，其後臺灣省政府執行疏遷政策，包括地點選址、工程實施以及辦公廳處搬遷。另外，在省府宿舍群之規劃概念則著眼於疏散工程處主任劉永楙，赴外考察新市鎮經驗之過程；第二階段為 1960 至 1998 年（民國 49 至 87 年），此階段包括五個省府宿舍群之規劃與興建；第三階段為 1998 至 2022 年（民國 87 至 111 年），包括 1998 年精省後的發展以及 2000 年後各宿舍群之沒落與復甦，聚焦於五大宿舍群在中央政策之發布與籌劃下將如何面對各自不同的命運？

至於，為什麼要將最後年限設定於 2022 年（民國 111 年）？從史料的採集可以發現，國立中興大學前身為省立農學院，最早於 1959 年（民國 48 年）考慮遷至中興新村，之後該校於 2022 年（民國 111 年）9 月正式進駐。五大宿舍群其實在 2000 年代以後，分別面臨拆遷與活化等難題，於此情況下，中興大學進駐中興新村，該事件對於整體省府宿舍群之活化最具代表性，是以將時間斷限規劃至現今。

四、章節架構

本論文包括緒論與結論，總共分為六個章節。關於本文之章節架構，參

見圖1：

圖1：章節架構圖

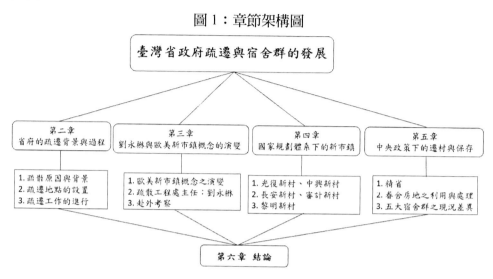

　　第一章「緒論」，首先為筆者之研究動機與目的，筆者論文題目的構想之來源以及問題意識；其次為研究史回顧，內容為此題目之相關研究，筆者藉由前人之研究成果為基礎，繼續發展作為新的研究議題；最後則是研究方法，筆者將以多種視角以及充分使用相關的史料，對於此論文進行探討與分析，並且運用章節架構圖呈現本文各章節之研究脈絡。

　　第二章「臺灣省政府的疏遷背景與過程」，本章以省府疏遷的原因與背景從國共內戰、中華民國政府遷臺作為一大歷史脈絡，進一步分析臺灣省政府著手進行疏遷工程與各廳處階段型之搬遷情形。除此之外，當時省府建設廳為使疏遷工程得以順利進行而成立疏散工程處。該處主任劉永楙，對於省府疏遷地點的選址乃至工程的實施佔有不可或缺的角色，並以光復新村、中興新村等首要的省府宿舍群作為省府階段性疏遷政策下的產物。

　　第三章「劉永楙與歐美新市鎮概念的演變」，首先在第二章的內容已提及劉永楙對於省府疏遷工程之角色。本章則以1950年代中期開始著手對於光復新村、中興新村之規劃與興建作為背景並呈現其規畫理念。從初步史料採集發現，以上兩宿舍群之規畫特色可溯及至劉永楙於1952年（民國41年）赴外考察之二戰後英國新市鎮。因此本章除了介紹劉永楙之專長領域、工作經歷、劉永楙考察新市鎮概念之過程外，同時探討英國新市鎮概念之起源、相關建設之發展。

　　第四章「國家規劃體系下的新市鎮」，探討省府疏遷政策下所興建的五個

宿舍群並依興建時間作排列，首先介紹各宿舍群現今所在地之自然環境與地理位置；其次討論宿舍群之各形成背景與功能；最後根據第三章所討論的新市鎮概念，探討五個省府宿舍群中各自的社區規劃特色。從整體時間軸為 1950 年代光復新村之規劃，直至 1970 年代省府於臺中市南屯區設置黎明辦公區，最後演變成黎明新村。五大省府宿舍群的建立不僅被視為省府疏遷工作的延伸，也象徵省府疏遷之整體脈絡重要的一環。

第五章「中央政策下的遷村與保存」，1990 年代後在精省制度以及九二一大地震之衝擊下，導致部分省府宿舍群因人口外流而逐漸沒落，最後在政府與民間的努力之下，成功修復與轉型成為重要的觀光景點；但另一部分則面臨拆遷。因此本章旨在探討各宿舍群在國家政策的轉變與天然災害的因素下，如何面對各自不同的命運並兼論其未來發展與走向。

第六章「結論」，綜合以上第二章至第五章之內容，可以發現臺灣省政府之五大宿舍群自規劃、興建、完工至現今，在時代變遷下均克服各自的挑戰，且成為保留戰後臺灣文化遺產的瑰寶。

第二章　臺灣省政府的疏遷背景與過程

　　本章旨在探討二戰後臺灣省政府疏散政策的起因、疏遷過程的始末。在1949年（民國38年）中華民國政府於國共內戰後輾轉將重心移至臺灣的情況下，為什麼臺灣省政府需進行疏散？在執行初步的疏散工作之後，為何省府從「疏散」政策演變至「疏遷」中部？「疏散」與「疏遷」兩個動詞又各自象徵甚麼意義？本章除了回應以上問題，呈現省府疏遷至中部後其地點選址之變動歷程、工程的進行與實施以及辦公廳處之搬遷情形之外，同時建構臺灣省政府五大宿舍群之發展由來，關於本章之研究架構，參見圖2：

圖2：研究架構圖

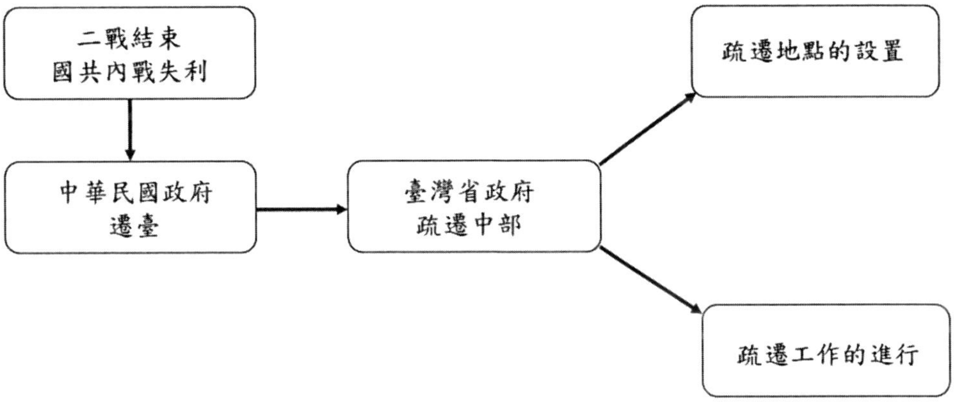

表 2：時間斷限表

1945 年（民國 34 年）	日本投降、第二次世界大戰結束、國共內戰爆發。
1947 年（民國 36 年）	臺灣省行政長官公署改制為臺灣省政府。
1949 年（民國 38 年）	中華民國政府撤退來臺。
1954 年（民國 43 年）	省府逐步疏散至外雙溪及新莊等地辦公、中美共同防禦條約簽訂。
1955 年（民國 44 年）	臺灣省政府疏遷至中部、討論省府選址。
1957 年（民國 46 年）	省府各辦公廳處搬遷完成。

來源：李永熾監修、薛化元主編，《臺灣歷史年表，終戰篇 I（1945～1965）》，頁 3；
《中央日報》、《聯合報》。

第一節　疏散原因與背景

　　臺灣省政府被視為地方政府，為本島最高行政中心。二二八事件爆發後，有鑑於臺灣人民對陳儀政府的不滿，1947 年（民國 36 年）4 月 22 日行政院決議將臺灣省行政長官公署撤銷，改訂「省政府組織法」，按照各省制成立省政府，並任命魏道明為臺灣省政府委員兼主席。[註 1] 陳誠擔任省府第二任主席，雖然任期只有一年，不過對於臺灣內政、壓制島內反對勢力以及鞏固國府統治體制都有相當的成效，為日後中華民國政府遷臺後的統治奠下基礎。[註 2] 1949 年（民國 38 年）中華民國政府遷臺後，1950 年（民國 39 年）6 月底韓戰爆發至 1955 年（民國 44 年）的大陳島失守，加上 1954 年（民國 43 年）中美共同防禦條約簽訂，使中央與省府更重視臺灣本島的戰備與防衛情形，對於防空疏散作業更積極進行規劃與籌備。[註 3]

一、防空疏散政策

　　1950 年（民國 39 年）5 月奉行政院院長陳誠指示，籌辦中央各機關疏散

[註 1] 〈為奉行政院令臺灣省應成立臺灣省政府，並任命府委 15 人以魏道明為主席，希知照〉，《臺灣省行政長官公署公報》，民國 36 年 5 月 7 日；李永熾監修、薛化元主編，《臺灣歷史年表，終戰篇 I（1945～1965）》，頁 40。
[註 2] 影響重大的幾項措施包括：實施戒嚴、幣制改革、土地改革等。參見高明士主編、洪麗完等編著，《臺灣史》（臺北：五南，2010 年），頁 269。
[註 3] 本報訊，〈中美防禦條約簽訂後嚴主席促續保警覺防警疏散不容鬆懈〉，《中央日報》，1954 年 12 月 4 日，第四版。

辦公事宜以避免空襲損害，〔註4〕召集相關機關商討、擬具中央各機關疏散辦法以及准許人民利用公有空地來興建各地區公共防空壕洞建築，〔註5〕嚴防一旦空襲時，能做好萬全的準備。此時，就在中央與相關部會商討疏散辦公原則及實施辦法、調查各機關對於空襲防護措施之辦理條件下，〔註6〕1951年（民國40年）2月臺灣西北海面上空出現六架不明軍機並發布空襲警報，省府為因應中央防護空襲損害，開始籌劃地方建設向行政院查核疏散相關政策。行政院於1953年（民國42年）3月舉行檢討會議並對於省府發布國防部所訂定之防空疏散六項措施，〔註7〕並與下表3所發布之疏散政策共同實行，不僅被視為防空疏散總準備的開始，同時也加強了地方基礎建設以備戰況隨時發生之用。〔註8〕

表3：1950年代防空疏散政策

發布日期	疏散政策
1950年（民國39年）5月25日	臺灣省各縣市人口物資疏散及建築物限制辦法
1951年（民國40年）3月13日	臺灣省工廠防空疏散實施辦法
1951年（民國40年）6月18日	疏散區戶口遷入限制辦法
1951年（民國40年）7月16日	臺灣省公私立醫院防護疏散實施辦法
1952年（民國41年）4月4日	基隆、高雄港空襲時旅客疏散及行李處置辦法
1954年（民國43年）12月20日	臺灣省實施防空疏散重要城市建築管制辦法、臺灣省水陸運輸交通工具防空疏散辦法
1955年（民國44年）1月15日	臺灣省公私立學校防空疏散實施辦法

〔註4〕 〈行政院會議議事錄　臺第十七冊一八六至一八九〉，《行政院》，國史館藏，數位典藏號：014-000205-00044-001。

〔註5〕 中央社，〈臺中市籌建防空洞〉，《中央日報》，1949年9月26日，第五版；本報訊，〈市民建防空洞可利用有公地〉，《中央日報》，1950年4月14日，第四版。

〔註6〕 〈總統手令暨重要指示實施報告（1）〉，《總統府》，國史館藏，數位典藏號：011-030700-0002。

〔註7〕 六項措施：審核工程建築地點與建築標準之最高依據、加強市郊及疏散地水電及交通發展、疏散港口不必要之人員物資、嚴格限制市區人口物資之遷入、增闢市郊平行道及橋樑設施、加強市區防空避難救護等設施。參見〈行政院會議議事錄　臺第四九冊三〇九至三一一〉，《行政院》，國史館藏，數位典藏號：014-000205-00076-001。

〔註8〕 〈行政院會議議事錄　臺第十四冊一七〇至一七四〉，《行政院》，國史館藏，數位典藏號：014-000205-00041-004。

1955 年（民國 44 年）4 月 4 日	臺灣省防空疏散收容緊急避難人口地區食米配售辦法
1955 年（民國 44 年）5 月 17 日	臺灣省政府疏散時期公文處理要點
1955 年（民國 44 年）6 月 17 日	臺灣省非常時期石油供儲疏散防護辦法

來源：整理自《臺灣省政府公報》、《總統府公報》、《司法專刊》。

承上表 3，可以發現全臺自 1950 年代起制定人口、工廠、船舶、交通與公共機關等疏散實施辦法，同時為因應戰況隨時發生，於北、中、南、東部與澎湖舉行防空聯合演習，〔註9〕可看出全臺對於兩岸局勢高度戒備之情形。

二、辦公廳舍不足

中華民國政府遷臺，除了加速中央政府與省政府對於全臺防空疏散政策的制定與實行之外，同時在中央政府遷移下也造成臺灣辦公廳舍不足之情形：1948～1949 年（民國 37～38 年）期間省府的辦公廳以今監察院、立法院與行政院三個辦公地點為主，〔註10〕中央政府機關陸續撤退到臺灣，所有機關皆集中於臺北市，此時各自代表中央與地方的「中華民國政府」、「臺灣省政府」兩個行政單位同處於臺北一地，不僅導致行政辦公空間不足，同時行政單位過於集中，在兩岸局勢的升溫下臺北市恐被共軍當作空襲的首要目標，更增添中央與省府對於軍事危機不安之疑慮。

因此，行政院對於以上情況之憂慮開始有所舉措，1951 年（民國 40 年）擬定臺灣省政府等地方機關不遷離市區，多以就地原建築之堅強防空設備以防損害；中央方面，原在臺北市中心的府院部會各機關等辦公處所，則應自行疏散至附近有防空洞、防空壕避難所等設備之房屋。〔註11〕中央與省府原本依上述方法進行疏散，不過之後卻因以下兩點原因而使疏散方法有所轉變：

第一、中央與地方政府財政經費籌措支絀。行政院教育部、內政部與蒙藏委員會等機關原計畫疏散至臺灣大學之租借房屋，不過卻礙於其他機關之疏

〔註 9〕 軍聞社，〈全省防空演習昨分五區舉行本市市民疏散秩序佳交通措施善情形良好〉，《中央日報》，1952 年 3 月 19 日，第三版。

〔註 10〕 臺灣省文獻委員會，《臺灣省政府中興新村耆老口述歷史座談會紀錄》（南投：省文獻會，1998 年），頁 167。

〔註 11〕 自願疏散郊區者；因辦公處與防空洞距離太遠必須搬遷者；須在市區內辦公並配有防空洞，但因距離甚遠而又在防空洞附近額外尋找房屋供一部分人員辦公者。參見〈行政院會議議事錄　臺第十七冊一八六至一八九〉，《行政院》，國史館藏，數位典藏號：014-000205-00044-001。

散計畫及預算金額過大，國庫艱困籌措不易而未能如議辦理。〔註12〕因此行政院決議中央各機關一律就地辦公不再疏散，唯其辦公處所及眷屬公共宿舍在市區內者應在其附近修建簡單防空設備。〔註13〕

　　第二、臺北市及鄰近地區之交通運輸拓展速度，遠不及短時間內大量軍政機關人員移入。1940 年代末陸續有大量軍民隨中華民國政府遷臺，不僅使臺北市交通負載量大，同時造成該市及鄰近市郊鄉鎮房屋缺乏、辦公廳舍不足與擁擠之情況。〔註14〕以下為退休省府衛生處之主任秘書莊稼先生之描述：

> 從三十八年中央政府遷台以後，上至總統府、下至各部會主要單位，
> 都大部分集中在臺北市。那個時候可以說政府機關都是擁擠不堪，
> 我記得立法院、監察院都擠在臺北市中山堂。那個時候使用上不方
> 便，其他機關、學校也都擠得滿滿的。〔註15〕

　　中華民國政府與臺灣省政府一併集中於臺北造成辦公廳舍不足，不僅如此，在 1950 年代臺海危機的升溫下，行政機關過於集中為國家安全增添了不穩定性。在以上兩條件下行政機關之疏散為當局亟需解決的問題，因此省府於 1951 年（民國 40 年）起開始將部分單位進行初步的疏散工作，隔年省府擬利用士林外雙溪等山地興建疏散檔案室之基地，並派遣專門技術人員勘查劃定界線。〔註16〕之後至 1953 年（民國 42 年）省府開始進行各辦公廳處疏散辦公計畫會議、商定各單位之疏散人數標準，並且經教育廳調查臺北市近郊各學校能借用教室數量及面積後，〔註17〕初步將機關單位疏散至北投、新莊、樹林、鶯歌、景美、新店、土城、木柵等地區之學校教室，關於詳細各機關之疏

〔註12〕〈行政院會議議事錄　臺第十七冊一八六至一八九〉，《行政院》，國史館藏，數位典藏號：014-000205-00044-001。

〔註13〕〈行政院會議議事錄　臺第二七冊二二九至二三二〉，《行政院》，國史館藏，數位典藏號：014-000205-00054-003。

〔註14〕〈行政院會議議事錄　臺第七九冊三九六至三九八〉，《行政院》，國史館藏，數位典藏號：014-000205-00106-003。

〔註15〕臺灣省文獻委員會，《臺灣省政府中興新村耆老口述歷史座談會紀錄》，頁292。

〔註16〕「為省府利用士林鎮公所外雙溪二五七號山地建築疏散檔案室基地業經會同陽明山管理局及士林鎮公所勘劃界線決定即日動工希知照由」（1952 年 10 月 18 日），〈士林外雙溪本府檔案室（0041/017.1/143/1）〉，《臺灣省級機關》，國史館臺灣文獻館（原件：國家發展委員會檔案管理局），典藏號：0040171017190004。

〔註17〕「秘書處簽為奉交研討省府直屬各單位疏散辦公計劃經開會審查結果請密報府會案。」（1953 年 7 月 21 日），〈臺灣省政府委員會議第 311 次會議〉，《臺灣省政府委員會議》，國史館臺灣文獻館（原件：國家發展委員會檔案管理局），典藏號：00501031107。

散地點，參見附錄 1。

　　在以上疏散地點確定之後，整體省府單位之疏散時間訂為 1954 年（民國 43 年）11 月，各單位按照原計畫所修建辦公處所疏散之人員與物資自行開始逐步疏散，部分員工及重要檔案文件，疏散至臺北市郊外之外雙溪及新莊等地辦公。〔註 18〕從中我們可以發現，省府疏散辦法自 1950 年代初期即開始進行，且陸續在臺北市郊外找尋合適地點作為疏散之用，不過後來卻隨著中央決策的發布、戰況局勢的轉變，從原本短期的「疏散」轉變為長期的「疏遷」。

第二節　疏遷地點的設置

一、從「疏散」到「疏遷」

　　承上節，臺灣省政府為因應 1950 年代中央所制定之防空疏散政策，開始進行初步疏散。省府的疏散可以分兩類：高級人員疏散至外雙溪合署辦公房屋，因房舍空間僅能容納少數高級人員，其餘人員則另疏散至學校內辦公房屋。不過之後隨著戰況局勢的考量、中央政府與臺灣省政府兩行政單位重疊之下，省府初期的疏散計畫也面臨更動。1954 年（民國 43 年）9 月省府召開疏散規劃審查小組第八次會議，時任主席嚴家淦對於省府疏散至外雙溪一案有三項意見：

　　首先，如依照上述人員辦公分流辦法，將來省府各單位首長與各單位業務之控制、指揮以及通訊問題皆有困難；其次，考量在省府疏散至外雙溪之情況下，如戰事來襲將造成臺北市內情況紛亂、交通中斷等，將對中南部之聯絡變成問題，認為省府還是向南疏散為宜。因此主席不僅認為省府疏散至外雙溪一案須重新檢討擬定，同時在工程方面只須進行臨時建設即可，不必有大規模之計畫，將來若不使用時可移讓給次要機構使用；最後，關於省府是否仍在北部辦公或另擇地遷移，建議由秘書處、警務處、建設廳等三單位負責研究埔里、斗六、草嶺等本省之中心地區，可派幹員以視察水利為名，視察該處地理形勢及作為戰時省會之條件並提出報告。〔註 19〕

　　另外如上節所述，中央因政府財政經費、市區交通堵塞與辦公房屋缺乏

〔註 18〕臺灣省文獻委員會，《臺灣省政府中興新村耆老口述歷史座談會紀錄》，頁 23。
〔註 19〕「省府各單位疏散規劃審查小組舉行第八次會議」（1954 年 9 月 21 日），〈本府疏散審查小組第八次會議紀錄（0044/ZG1/20/1）〉，《臺灣省級機關》，國史館臺灣文獻館（原件：國家發展委員會檔案管理局），典藏號：0040192023853001。

等，基於上述問題兼顧中央及地方機關之防空疏散政策能有效實施。同年 11月，行政院籌劃臺北市各機關疏散計畫方案將中央及地方機關分別疏散，地方機關方面，省府各廳處及有關附屬機關全部搬遷至中部，且在臺北市設立辦事處以便與中央機關保持密切聯繫；中央方面則將機關分為遷往郊區、留駐臺北二類，留駐臺北的辦公機關因需要與行政院經常保持密切聯繫，應留在臺北市內與行政院合署辦公，其辦公地點待地方機關遷往中部後，行政院各部會可利用省府現有地，聯合辦公並加強其防空設備，[註20]將原省府所使用的辦公廳舍轉讓給中央使用。以下為財政廳退休人事主任魏道生描述當時之情況：

> 所有機關都在臺北市，因為臺北市房子不夠，無法容納那麼大批的
> 人和單位，所以臺北地區所有空有房屋均被征用，中央部會有的自
> 己覓地搭蓋或借用省有機關騰出房舍辦公。[註21]

依照 1954 年（民國 43 年）11 月行政院所討論的臺北市各機關疏散計畫方案，初步計畫將省府各廳處及有關附屬機關遷往中部，省府設在臺中市而各廳處附屬機關分布在臺中、南投、嘉義、彰化、雲林五縣。[註22]同年 12 月3 日中美共同防禦條約正式簽訂後，[註23]嚴主席認為共軍侵臺之可能性將會減少，空襲的可能性將會增加，因此呼籲中央應加快執行疏散計畫。[註24]1955 年（民國 44 年）5 月奉行政院以行政命令方式將臺灣省政府疏遷至中部。[註25]

從以上省府疏遷中部計畫的核定、「疏散」與「疏遷」兩個名詞的使用過程可以思考兩個問題：為何省府從最初的疏散工作演變成疏遷中部？在辦公廳舍不足的情況下，為何是將省府遷移出臺北市？而不是中央政府另覓地設置？

關於以上兩點問題：首先，在前人研究成果中，陳胤宏以美方態度、國際

〔註20〕〈行政院會議議事錄　臺第七九冊三九六至三九八〉，《行政院》，國史館藏，數位典藏號：014-000205-00106-003。

〔註21〕臺灣省文獻委員會，《臺灣省政府中興新村耆老口述歷史座談會紀錄》，頁 239。

〔註22〕〈行政院會議議事錄　臺第七九冊三九六至三九八〉，《行政院》，國史館藏，數位典藏號：014-000205-00106-003。

〔註23〕李永熾監修、薛化元主編，《臺灣歷史年表，終戰篇 I（1945～1965）》，頁 222。

〔註24〕「省府各單位疏散事宜」（1934 年 12 月 6 日），〈本府疏散審查小組第九次會議紀錄（0044/ZG1/19/1）〉，《臺灣省級機關》，國史館臺灣文獻館（原件：國家發展委員會檔案管理局），典藏號：0040192023852002。

〔註25〕建設廳疏散房屋工程處，《疏散工程處總報告》（南投：臺灣省政府，1960 年），頁 6。

局勢等作為省府疏遷政策之背景。省府最初先行將位於臺北辦公廳處疏散至中部，主要考量到中華民國政府如反攻勝利，不僅可將其重心移至中國大陸，同時將已執行疏散至中部的臺灣省政府等地方單位再移回臺北。不過在中美共同防禦條約的簽訂下，使中華民國政府反攻大陸的計畫沒有著落，導致其須長時間留滯臺灣，因此需要辦公地點給予使用；另外以行政機關位階角度而言，中華民國政府與臺灣省政府相比之下位階較高，是以決議將省政府遷至中部，原省府辦公廳處則順理成章地轉讓予中央使用。〔註26〕

其次，根據省府退休員工的口述資料，在中華民國政府尚未遷臺前，臺北市為省府機關之駐地，遷臺後位於臺北市之行政機關包括中華民國政府、臺灣省政府及臺北市政府等三個行政單位，空間過於飽和，因此如將省府遷移出臺北，一來可以舒緩臺北市人口、交通壓力，二來考量到區域均衡發展問題，可以增進其他縣市之發展，〔註27〕同時在兩岸緊張局勢下也能避免政府機關過於密集臺北成為空襲目標。

最後，遵循1950年代的疏散計畫，省府最早的疏散地點為外雙溪、臺北市郊外學校等地，不過根據前述1954年（民國43年）8月的疏散小組會議，嚴主席考量辦公人員難以聯繫、通訊等因素，因此向中央呼籲將省府往南疏散。從以上條件下，我們可以發現省府從短期疏散演變為長期疏遷之過程，與國際局勢、兩岸戰況演變與中央政策等因素有關，國共內戰、中華民國政府遷臺與中美共同防禦條約簽訂，致使當時兩岸不穩定進而影響中央當局之政策規劃。不僅如此，嚴主席最初主要把「疏散」作為一開始所有政策的主要措施，以一切國家人民生命安全為主，後來的建設重點除了疏散外還注意遷治以後的一切省政問題。因此省府最後只好「遷治」至中部並且用「疏遷」二字來通稱省府接下來所實行的工程與計畫，且開始進行疏遷地點的考量與選址。

二、地點選址與變更

省府疏遷中部計畫確定之後，1955年（民國44年）5月12日嚴主席與建設廳副廳長劉永楙共同討論疏散計畫及省府疏遷地址，〔註28〕初步規劃在

〔註26〕陳胤宏，〈從中央到地方：臺灣省政府之疏遷〉，《暨南史學》第14號（2011年7月），頁130～134。

〔註27〕臺灣省文獻委員會，《臺灣省政府中興新村耆老口述歷史座談會紀錄》，頁294。

〔註28〕〈1954年日記〉（T1016_01_02_002），《劉永楙文書》（T1016），中研院臺史所檔案館數位典藏。

新竹以南，臺南以北之各地區。〔註29〕中央列舉有關疏遷地之標準並開始進行地點的勘察，以臺中、彰化、南投、雲林、嘉義等五縣市為範圍，〔註30〕選定的地點有四個原則：

　　一、在交通方便處，「不」靠近鐵路縱貫線；

　　二、「不」影響水田耕作；

　　三、「不」遷移過多的人口；

　　四、「不」影響當地社會安寧秩序。〔註31〕

　　省府是依據何種原因將疏遷地設於中部五縣市？並制定出以上四個原則？主要是以軍事防空、不影響人民生活為優先之外，也可以配合當時臺中港的開發與大雪山之建設，平衡南北發展。〔註32〕因此中部各縣市紛紛爭取，可能地點包括臺中農學院、臺中師範學校、〔註33〕大肚山的臺糖公司農地與彰化八卦山等地。〔註34〕

（一）臺中霧峰

　　省府首先於臺中與彰化之間做挑選，但因彰化靠海，擔心恐位於中共海軍砲彈的射程之內。因此在安全考量之下，嚴家淦主席於1955年（民國44年）5月初步選擇臺中南投之靠山地區並視察東勢、神岡等地。〔註35〕同年6月3日，嚴主席在記者招待會中，透露省府各單位將疏遷至臺中與南投兩縣，〔註36〕並聲明依照中央指示，疏遷地點以不在都市辦公為原則，故不可能遷往臺中

〔註29〕本報訊，〈省府機構疏散初步計劃完成中部疏散地在勘查中〉，《中央日報》，1955年5月4日，第三版。

〔註30〕建設廳疏散房屋工程處，《疏散工程處總報告》，頁6。

〔註31〕〈臺灣光復初期自來水政策主導者劉永楙先生〉（T1016_03_01_011），《劉永楙文書》（T1016），中研院臺史所檔案館數位典藏。

〔註32〕臺灣省文獻委員會，《臺灣省政府中興新村耆老口述歷史座談會紀錄》，頁22、55。

〔註33〕「南投縣議會建議省府疏散臺中農學院等校集中辦公一節電復案」（1955年10月17日），〈建議（0044/ZG1/5/2）〉，《臺灣省級機關》，國史館臺灣文獻館（原件：國家發展委員會檔案管理局），典藏號：0040180023841003。

〔註34〕謝東閔，《歸返：我家和我的故事》（臺北市：聯經出版，1998年），頁240～241。

〔註35〕本報訊，〈主席曾赴中部各縣視察省府疏散地址〉，《中央日報》，1955年5月31日，第三版。

〔註36〕中央社，〈省府機構疏散地點決定臺中南投兩縣計劃六個月內陸續遷往〉，《中央日報》，1955年6月4日，第三版。

市，將於臺中市近郊尋覓適當地點，包括太平、大里與霧峰等地。〔註37〕

如前所述，省府所勘查的地方最初為臺中的東勢空軍基地，但視察後卻發現該地交通不便，之後才選擇第二個地點臺中霧峰。〔註38〕以下為林獻堂描述當時之情形：

> 新聞又報道，臺灣總統府〔省政府〕將移往臺中，未知事實否。以
> 上二事皆甚重大，臺灣將大變化矣。〔註39〕

除了1955年（民國44年）4月林獻堂的日記內容之外，同年5月《聯合報》也刊載相關資訊如下：「自昨日起，每廳處在市郊疏散區辦公的員工，約為百分之四十，至疏散前往臺中地區的計劃，目前正積極準備。」〔註40〕甚至林獻堂考量省府搬遷至臺中如若房屋不足，將有可能徵收霧峰林家作為辦公房屋。〔註41〕最後，經疏遷中部委員會初步擬定遷至霧峰境內的三個地區，分別為北溝、本堂村霧峰國民學校旁及坑口，並於同年11月5日於霧峰國校旁舉行動土典禮。當時《更生報》、《臺灣民聲日報》、《中央日報》以及《聯合報》等報刊，在省府決議疏遷地點的過程中，從中部至臺中、彰化及南投三縣地點之選擇，再至霧峰地點的確立皆刊載了相關資訊。〔註42〕

〔註37〕「召開省府各單位疏散規劃審查小組第一次工作會報」（1955年9月27日），〈疏散小組工作會報紀錄（0044ZG1161）〉，《臺灣省級機關》，國史館臺灣文獻館（原件：國家發展委員會檔案管理局），典藏號：0040192023849002；本報訊，〈省府已設立一小組執行疏散中部事宜疏散臺中市區殊不可能〉，《中央日報》，1955年8月18日，第三版。

〔註38〕臺灣省文獻委員會，《臺灣省政府中興新村耆老口述歷史座談會紀錄》，頁240。

〔註39〕林獻堂著，許雪姬等註解，《灌園先生日記（廿七）一九五五年》（臺北：中央研究院臺灣史研究所籌備處、近代史研究所，2013年），頁217～218。

〔註40〕〈省府疏散工作已告一段落〉，《聯合報》，1955年5月3日，第1版。

〔註41〕林獻堂著，許雪姬等註解，《灌園先生日記（廿七）一九五五年》，頁219～220。

〔註42〕臺灣省主席嚴家淦于廿八日於行政院會議後宣稱：臺灣省政府各單位疏散至中部地區辦公。參見〈將疏散中部地區〉，《更生報》，1955年4月29日，第4版；省府疏散中部問題經行政院院會決議令限六個月內實現後，嚴主席曾邀秘書長及各廳處長會商，並決定初步由秘書長謝東閔前往中部做實地之勘察，經勘察結果，在霧峰及南投、彰化間接近山地一帶等處較為適當，乃於上周再度陪同嚴主席前往各該地勘察。參見〈省政府疏散地點，在霧峰、南投、彰化間，嚴主席今提出報告〉，《臺灣民聲日報》，1955年6月3日，第4版；省府疏散辦公廳第一期新建工程破土典禮，五日下午二時在霧峰國校附近基地舉行。參見中央日報，〈省府疏散房屋今在霧峰破土〉，《中央日報》，1955年11月5日，第3版；嚴主席於主持竣工典禮後，將順道考察埔心柳子溝制水門，並往八堡水圳創始人林先生廟拈香，下午往中縣霧峰主持省府疏散工程破土典

省府從最初疏散政策，直至確定霧峰為疏遷中部之地點，在以上這段過程中，從以上林獻堂日記的內容以及各報紙的記載，我們可以發現省府的疏遷中部計畫，對於當時全國而言為重要的社會時事熱點。

（二）南投營盤口

不過在霧峰工程進行過程中，卻因土地使用問題致使疏遷地點有所更動：首先，存放國寶的故宮位於北溝附近，一旦省府遷至霧峰，擔心兩者成為敵軍空襲目標；〔註43〕其次，當地附近水田環繞，不符當時疏遷地之挑選原則；再者，省府與臺糖公司在土地的交換與溝通過程中，並沒有達成共識；〔註44〕最後，在得知省府確定將疏遷地點設於霧峰後，當地部分地主哄抬地價。〔註45〕以下分別為員工邱克修、農林廳專員鄒穆德之描述：

> 除了前述四個條件之外，原本還選在霧峰北郊，當時故宮對面。但被故宮反對。省政府如設在他們對面，空襲目標太明顯。〔註46〕

> 土地測量完畢之後，由於某些原因，此一計畫竟不了了之。據了解最大的原因，係在於部分私人擁有的土地漲價，導致疏遷計畫擱置。〔註47〕

因此，當時擔任建設廳副廳長兼省府疏散工程處主任的劉永楙，與該處員工邱克修為解決以上土地情況，開始於中部地區勘查其他地方包括彰化大肚山、南投匏仔寮、坪頂林、雙冬等地區。〔註48〕1956年（民國45年）1月7

禮，預定今日下午六時返臺北。參見〈員林大排水工程今舉行竣工典禮〉，《聯合報》，1955年11月5日，第3版。

〔註43〕中興新村辦公人員（國家發展委員會檔案管理局，臺灣省政資料館專門委員），蔡志雄先生口述，鄒孟廷訪問，2022年11月18日於臺灣省政資料館。內容：「我的疏遷費只有三千萬，故宮在北溝，如果我的臺灣省政府還在那邊，中共一炸就完了，故宮一開始就在霧峰的北溝。」

〔註44〕省府原本要使用臺糖公司的蔗苗繁殖地當作建地，但臺糖公司卻提出需以大肚山十一甲田交換一甲的蔗田之比例進行互換。對於省府來說，不僅此交換條件過於嚴苛，同時大肚山田地多已放領。參見〈報告疏遷始末〉，《聯合報》，1958年1月26日，第3版。

〔註45〕〈省府決遷臺中縣霧峰地價猛漲〉，《聯合報》，1955年12月4日，第5版。

〔註46〕臺灣省文獻委員會，《臺灣省政府中興新村耆老口述歷史座談會紀錄》，頁30。

〔註47〕臺灣省文獻委員會，《臺灣省政府中興新村耆老口述歷史座談會紀錄》，頁201、239。

〔註48〕臺灣省文獻委員會，《臺灣省政府中興新村耆老口述歷史座談會紀錄》，頁30～31。

日除了前往霧峰視察相關辦公廳工程，也察看了南投匏仔寮、傅寮里、營盤口及半山等地，以下為劉永楙當天的日記內容：

> 二時開始一同霧峰國校內，省府所建之辦公廳，繼至草屯南投所擇之疏散地，計匏仔寮、傅寮里、營盤口及半山，未有具體決定，晚至二水謝秘書長家中晚餐，說選擇土地事，傳是決定以營盤口為目的，請蔡議長鐵龍與地方人士商談，如因該地佃戶過多，則改用匏仔寮土地。〔註49〕

以上日記內容透露兩個訊息：第一、省府在霧峰土地爭議問題發生後，開始試圖尋覓其他合適地點，範圍以南投縣為主且初步將營盤口納入疏遷地點的選擇；第二、日記內容中的謝秘書長為謝東閔，不僅為省府高層之一，同時為省府疏遷政策的主要執行人物。因此除了上述日記內容提及，劉永楙參與他們的土地決策會議之外，從以下 1 月 21 日的日記內容中，與總統府顧問龔履端、省府事務科長陳奮克考量土地徵收方式，更可證明劉永楙在疏遷地的選址過程中為一重要角色：

> 上午仍在議會參加開會，霧峰鄉鄉長，又來要求仍在霧峰，建省府疏散房屋。下午在秘書處與龔顧問、馬主任秘書、陳奮克等討論南投土地如何徵收……。由縣政府代為與農民協商讓地使用。〔註50〕

其後，南投縣政府建議草屯鎮山腳段、南投營盤口段可作為疏遷地之選擇，時任南投縣草屯鎮鎮長，張五合也向省府提議位於營盤口一塊地可供省府使用。〔註51〕以下為根據疏散工程處退休人員邱克修描述當時之情況：

> 張鎮長引導我們到山腳營盤口勘看，認為適合四條件，經報請省府，派秘書長謝東閔、顧問龔履端勘看後，再由嚴主席親臨勘看，在今中興醫院前一棵老茄冬樹下，嚴主席決定，開始辦理議價徵收。〔註52〕

以上經省府勘查後皆為旱地，且均符合上述所列之四大原則，故決議收購南投營盤口作為疏遷根據地。〔註53〕1956 年（民國 45 年）年 2 月 1 日經疏散

〔註49〕〈1956 年日記〉（T1016_01_02_003），《劉永楙文書》（T1016），中研院臺史所檔案館數位典藏。

〔註50〕〈1956 年日記〉（T1016_01_02_003），《劉永楙文書》（T1016），中研院臺史所檔案館數位典藏。

〔註51〕建設廳疏散房屋工程處，《疏散工程處總報告》，頁 13。

〔註52〕臺灣省文獻委員會，《臺灣省政府中興新村耆老口述歷史座談會紀錄》，頁 30～31。

〔註53〕建設廳疏散房屋工程處，《疏散工程處總報告》，頁 13。

規劃審查小組會報後，決議霧峰不宜繼續發展。〔註54〕然而，在省府決議收購南投營盤口疏遷地的同時，霧峰方面工程正如火如荼地進行，如因此而中斷將消耗省府先前的人力與資源。是以最後決議，將省府部分疏遷單位留在霧峰，其餘省機構再行變更疏散至南投營盤口。〔註55〕由此可知，省府首先是將霧峰方面作為中心，其後基於上述原因，進而導致省府須另外找尋南投營盤口大興土木，因此在規劃上，前者理所應當地被視為後者的一實驗社區。〔註56〕

其後於2月10日，省府秘書長謝東閔與劉永楙討論整體疏散工程事宜。〔註57〕經由以上劉永楙的日記內容可以發現，當時擔任建設廳副廳長的劉永楙除了代表著省府立場，作為與地方進行溝通與協商的角色之外，當時兼任疏散工程處主任的他，在經過霧峰土地問題後，不僅積極參加了省府疏遷地點的更改過程、疏遷地的徵收與討論，同時在工程方面也參與了疏散房屋之設計會議。

另外值得留意的是，省議會為當時臺灣省最高的民意機關，在省府執行疏遷中部計畫期間又擔任了什麼角色？有沒有與省府共同疏遷至中部？答案是有的，除了編列與審議省府疏遷計畫之預算、通過並將該案呈向行政院外，〔註58〕省議會本身也完成了疏遷的準備。

在工程方面，1956年（民國45年）11月17日正式動工新的議會大樓，地點位於霧峰鄉牛欄貢溪下游北岸地區，直至1957年（民國46年）完工。〔註59〕另在疏遷進度方面，原位於臺北的省議會，自1957年（民國46年）4月21日起至5月4日期間停止辦公，並陸續搬遷至新址，同年5月舉行第三

〔註54〕〈1956年日記〉（T1016_01_02_003），《劉永楙文書》（T1016），中研院臺史所檔案館數位典藏。

〔註55〕〈臺中縣議會建議上峯迅即將省府第三級機構疏散本縣霧峰、大里、太平鄉等地，以利連繫而資便民案〉（1957年5月23日）：〈臺灣省議會史料總庫·檔案〉典藏號：0021340546001。

〔註56〕中興新村辦公人員（國家發展委員會檔案管理局，臺灣省政資料館專門委員），蔡志雄先生口述，鄒孟廷訪問，2022年11月18日於臺灣省政資料館。

〔註57〕〈1956年日記〉（T1016_01_02_003），《劉永楙文書》（T1016），中研院臺史所檔案館數位典藏。

〔註58〕〈臺省府疏散中部地區實施計劃已擬定〉，《商工日報》，1955年8月6日，第1版。

〔註59〕白燕峰，〈即將落成的省議會大廈巡禮〉，《臺灣民聲日報》，1958年4月24日，第2版；鄭瑞明等，《新修霧峰鄉志》，（臺中：霧峰鄉公所，2009年），頁377～378。

屆第三次大會，〔註60〕與省府部分疏遷單位共同留在霧峰。

　　從以上過程中，可以獲知省府的疏遷用地，最後分布於臺中霧峰以及南投營盤口。首先，臺中霧峰方面為省府原規劃的預定地，可以分成霧峰國校、牛欄貢、坑口三個部份，霧峰國校由省府委員會、教育廳、衛生處及秘書處等辦公單位進駐；牛欄貢則為省議會之新址；坑口則為以上辦公廳職員之宿舍，即今光復新村。以上三個部分共同組成「第一疏散（遷）區」；其次，南投營盤口方面，則為省府行政單位最後的進駐地點，作為「第二疏散（遷）區」，〔註61〕即今的中興新村，參見圖3：

圖3：第一疏散（遷）區、第二疏散（遷）區之位置圖

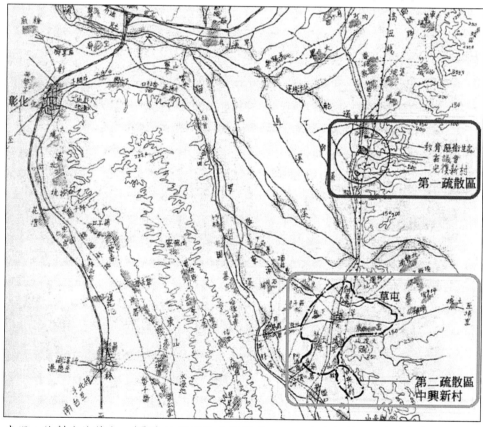

來源：繪製自林芊合，〈霧峰地區現代生活實踐──以光復新村為例〉（臺中：東海大學建築研究所碩士論文，2011年），頁44。

〔註60〕〈省議會昨日起停止在北辦公開始陸續搬遷〉，《臺灣民聲日報》，1958年4月22日，第2版。

〔註61〕建設廳疏散房屋工程處，《疏散工程處總報告》，頁8。

　　上圖 3 為第一疏散（遷）區與第二疏散（遷）區之相對位置，至於這兩個疏散（遷）區之間有什麼關聯？於省府整體的疏遷工作而言又各自代表什麼角色？嚴家淦主席於 1956 年（民國 45 年）11 月的記者招待會上，對於此事有稍加提及，說明霧峰方面是屬於臨時性的，南投營盤口仍屬於省府的行政中樞。〔註 62〕

　　不僅如此，根據當時疏散工程處總報告記載，省府有鑒於提升整體行政效率，決議除了教育廳及衛生處建立在前者之外，其餘所有廳處均遷移至後者，並以後者作為省府整體行政單位中心。〔註 63〕由此可知，第二疏散（遷）區為省府最後疏遷的主要地點，而原本訂定的第一疏散（遷）區則作為輔助之用，在以上地點的選址確定之後，開始著手疏遷單位的搬遷，參見圖 4：

圖 4：省府疏遷至中興新村之過程

來源：臺灣省文獻委員會，《綠情懷舊：中興新村老照片展專輯》（南投：臺灣省政府，1998 年），頁 17。

第三節　疏遷工作的進行

　　1950 年代中期，省府最初將疏遷地設置於霧峰，不過在土地問題爭議之

〔註 62〕〈省府遷往中部並非祇為疏散〉，《聯合報》，1956 年 11 月 28 日，第 1 版。
〔註 63〕建設廳疏散房屋工程處，《疏散工程處總報告》，頁 20。

下，經過地方政府、省府疏散工程處主任劉永楙及其相關人員之溝通與協調下，最後核定臺中霧峰為「第一疏散（遷）區」、南投營盤口為「第二疏散（遷）區」，在以上地點確立之後即開始進行兩疏散（遷）區之興建工程，工程完畢之後，省府之辦公廳處開始陸續進行搬遷工作。

一、規劃單位與工程實施

（一）省府疏散規劃審查小組→疏遷中部規劃委員會→疏遷委員會

1955 年（民國 44 年）5 月奉中央命令，疏散至中部並成立省府疏散規劃審查小組（委員會），由省府秘書長謝東閔為召集人，負責有關省府疏遷一切籌劃事宜，分設規劃、財務、審查、工程、交通、土地等七組。〔註64〕接著為加強中部疏遷工作計畫，將原小組名稱改為「臺灣省政府疏遷中部規劃委員會」，關於各組負責事項之詳細內容，參見附錄 2，另外特別設立員工福利小組，籌設辦理員工日用必需品之供應及福利事宜。〔註65〕

最後，省府考量疏遷中部計劃為一個既成事實，「中部」二字亦無特別標明必要，是以將「中部規劃」四字刪除。1958 年（民國 47 年）2 月將名稱改為「臺灣省疏遷委員會」，〔註66〕相關工作事項見附錄 3。

（二）臺灣省政府疏散房屋工程處

除了以上委員會的設立之外，為因應疏遷計畫省府於 1955 年（民國 44 年）9 月 19 日特設立「疏散房屋工程處」，並指示建設廳副廳長劉永楙兼任該工程處主任，〔註67〕以下為該年 9 月劉永楙前往霧峰報告當時的工作進度：

> 該項疏散工程籌備處自十八日開始展開測量建設工作後，到目前為

〔註64〕臺灣省文獻委員會，《臺灣省政府中興新村耆老口述歷史座談會紀錄》，頁 23；建設廳疏散房屋工程處，《疏散工程處總報告》，頁 7。

〔註65〕「省府疏遷中部規劃委員會組織規程草案案。」（1956 年 6 月 19 日），〈01 委員會議〉，《臺灣省政府委員會議檔案》，國史館臺灣文獻館，典藏號：00501045706。

〔註66〕「疏遷委員會提：為健全本會組織，加強遷疏業務，經本會第十五、六次委員會研討決議通過將前訂組織規程，予以修正，茲檢具組織系統職掌表及組織規程對照表，請核議由。」（1958 年 2 月 11 日），〈01 委員會議〉，《臺灣省政府委員會議檔案》，國史館臺灣文獻館，典藏號：00501053104。

〔註67〕擇定臺北建設廳副廳長室及臺中市中山路六十三號為該處處址，同時開始辦公。參見〈函各機關為奉交下臺灣省政府疏散房屋工程處呈報成立日期及辦公地點，希查照〉，《臺灣省政府公報》，民國 44 年 10 月 3 日。

止仍在進行中，預計在下月初可開始動工。〔註68〕

疏散工程處首任處長為劉永楙，之後接任者依序為張金鎔、邱克修、李慕
社等人。〔註69〕成立的主要目的為規劃位於霧峰的第一期疏遷工作，工程規
劃、設計、監造、驗收等業務，同時進行中興新村新市鎮之初步規劃。除了以
上工程規劃與進行外，該處還須審核辦理工程招標函件及監工事項。〔註70〕

（三）工程實施

整體疏散工程可以分成兩個部分：首先在霧峰方面從 1955 年（民國 44
年）11 月 5 日開始動工，該處建有辦公廳一幢，附近坑口建有眷屬宿舍 202
戶，並將附近草湖倉庫改建為單身宿舍。〔註71〕隔年 2 月底完成後，8 月將教
育廳、衛生處二單位遷往臺中縣霧峰鄉新建廳舍辦公。〔註72〕

另外在營盤口方面，主要由劉永楙規劃、討論疏散房屋工程移交及趕工進
度。〔註73〕關於營盤口地區預計完成的工程事項包括辦公廳 6 棟、眷屬宿舍
約一千戶、單身宿舍 8 棟，〔註74〕於 1956 年（民國 45 年）6 月 25 日動工興
建。〔註75〕興建完工後的辦公廳包括省府大樓、人事處、建設廳、交通處及農
林廳等，隔年 6 月 20 日完工。另外財政廳、民政廳大樓的興建則於 1956 年
（民國 45 年）12 月 22 日開工，隔年 6 月 22 日完工。〔註76〕

〔註68〕〈省府疏散房屋下月初可動工劉永楙昨赴霧峰鄉〉，《中央日報》，1955 年 9 月
　　　　23 日，第 3 版。
〔註69〕臺灣省文獻委員會，《臺灣省政府中興新村耆老口述歷史座談會紀錄》，頁 24。
〔註70〕〈臺灣省臨時省議會為疏散中部經費……〉，（1956 年 6 月 29 日）：〈臺灣省議
　　　　會史料總庫・檔案〉典藏號：0020160145004；〈臺灣省臨時省議會為興建職員
　　　　宿舍……〉，（1957 年 1 月 21 日）：〈臺灣省議會史料總庫・檔案〉，典藏號：
　　　　0020160145022。
〔註71〕「秘書處報告關於省府辦理疏遷情形及四十六年度疏遷計劃暨四十六年度疏
　　　　遷經費預算用途案。」（1957 年 8 月 6 日），〈01 委員會議〉，《臺灣省政府委
　　　　員會議檔案》，國史館臺灣文獻館，典藏號：00501051303。
〔註72〕〈教廳衛生處首批人到達〉，《聯合報》，1956 年 7 月 30 日，第 3 版。
〔註73〕〈1956 年日記〉（T1016_01_02_003），《劉永楙文書》（T1016），中研院臺史所
　　　　檔案館數位典藏。
〔註74〕「秘書處報告關於省府辦理疏遷情形及四十六年度疏遷計劃暨四十六年度疏
　　　　遷經費預算用途案。」（1957 年 8 月 6 日），〈01 委員會議〉，《臺灣省政府委
　　　　員會議檔案》，國史館臺灣文獻館，典藏號：00501051303。
〔註75〕〈南投營盤口省府疏散房舍廿五動工興建〉，《中央日報》，1956 年 6 月 19 日，
　　　　第 5 版。
〔註76〕臺灣省文獻委員會，《臺灣省政府中興新村耆老口述歷史座談會紀錄》，頁 24、
　　　　35～36。

二、疏遷單位的搬遷

疏遷工程完工之後，省府的辦公廳處陸續進行搬遷作業，可以分成兩個階段：第一階段先在臺中霧峰國民學校內，興建一部分辦公廳舍，率先將省府委員會、秘書處進行搬遷；第二階段則在營盤口的廳舍竣工之後，各廳處才從臺北正式南遷。〔註77〕

（一）第一階段之廳處：臺北→臺中霧峰

第一階段廳處的搬遷路線為自臺北直接遷移至臺中霧峰。1956 年（民國 45 年）7 月 5 日，嚴家淦主席於疏遷中部規劃委員會中，正式決定第一期疏遷單位為省府委員會、教育廳、衛生處及秘書處一部份，於同年 8 月 1 日疏遷至霧峰，以下為人事處《人事管理》月刊總編輯鍾象本先生所作之描述：

> 嚴主席是個老成持重秉和謙厚的人。疏遷的情形是嚴主席一個個
> 去問那些老成持重的廳處長，而教育廳和衛生處是最效忠嚴主席
> 的。〔註78〕

1. 教育廳

教育廳首批人員於 8 月 1 日遷入，辦公人員與眷屬則先暫時安置在臺中市合作新村，〔註79〕同年 11 月 1 日起，教育廳所有業務全部在省府大廈辦公，位於霧峰鄉中正路第二六八號，〔註80〕並且與衛生處合署。直至 1969 年（民國 58 年）衛生處遷至中興新村，該大廈才給予教育廳專用。其後 1993 年（民國 82 年）新教育廳大廈完工才將該辦公人員遷入，地點位於霧峰國小旁。而舊建築則由霧峰鄉公所接管，之後被清潔隊、長青學苑所利用。〔註81〕

2. 衛生處

衛生處於 1955 年（民國 44 年）5 月，因配合省府的疏散計畫而遷至臺北

〔註77〕謝東閔，《歸返：我家和我的故事》，頁 242。
〔註78〕臺灣省文獻委員會，《臺灣省政府中興新村耆老口述歷史座談會紀錄》，頁 333。
〔註79〕合作新村位於臺中市郊東區東勢子，已遷往的疏散人員，因宿舍尚未完工不論有無家眷，都只帶了一套簡單鋪蓋捲，暫住於此，該村房屋為中區合作社所承建之平民住宅，由省府臨時租用。參見〈霧峰新行政中心巡禮〉，《聯合報》，1956 年 8 月 1 日，第 3 版。
〔註80〕〈函各級機關為列舉臺灣省教育廳疏遷中部新址辦公後有關通訊等事項，希查照〉，《臺灣省政府公報》，民國 45 年 11 月 14 日。
〔註81〕新教育廳大廈位於原高等法院臺中分院舊址（今霧峰國小旁）。參見林德俊，《霧繞罩峰：阿罩霧的時光綠廊》（臺中：臺中市政府，2018 年），頁 103。

木柵國民學校。〔註82〕衛生處的所屬機關除了國防衛生合作業務和國軍退除役官兵醫療實施工作,仍留在臺北市原址辦公之外,〔註83〕其他直至隔年8月皆先行遷至霧峰。不過至1960年代末期,教育廳因業務增加,且向省府要求是否能擴張辦公空間,是以省府決議將原衛生處的辦公空間交給教育廳使用。〔註84〕而衛生處方面,則待至中興新村工程完成後,辦公地點於1969年(民國58年)8月再從霧峰搬遷至中興新村。

3. 秘書處

秘書處與教育廳和衛生處相同,皆列為疏遷第一階段名單。主要理由是省主席需在霧峰主持委員會議,該處人員需出席紀錄。以下為秘書處科員黃金木先生描述當時之情況:

> 當時我在霧峰住在林鶴年縣長家的紅樓。當時教育廳和衛生處的辦
> 公廳已經蓋好都在霧峰。要開委員會沒有人出席是不行的。〔註85〕

秘書處於1956年(民國45年)先行疏遷至霧峰國小,之後於隔年7月1日再正式搬至中興新村。〔註86〕從以上搬遷過程可以發現,在省府第一階段的廳處中,最後有遷至中興新村只有衛生處與秘書處,教育廳仍然留在霧峰。

(二)第二階段之廳處:臺北→臺中市區、霧峰→南投營盤口

省府疏遷至臺中的辦公處所仍以霧峰為中心,省府主席辦公室、省府委員會、秘書處、教育廳、衛生處均預定在霧峰新建省府大廈辦公,並視為第一階段疏遷的主要廳處與單位,第二階段等中興新村廳舍全部完工,再將所有廳處正式遷入,不過就在此時省府的搬遷時程又稍微提早了。

1956年(民國45年)10月13日主席嚴家淦於省府第478次會議中提及,教育廳與衛生處已先行遷往霧峰,其他各單位原擬等至營盤口工程結束之後,再一併直接遷往。那究竟為何省府的搬遷時程須提前辦理?主要為兩岸之間緊張的局勢升溫,自九三砲戰、一江山島戰役與大陳島撤退等戰事接連發生

〔註82〕「衛生處疏散情形報告表函送案」(1955年5月12日),〈各單位疏散情形報告(0044/ZG1/9/1)〉,《臺灣省級機關》,國史館臺灣文獻館(原件:國家發展委員會檔案管理局),典藏號:0040810023843008。

〔註83〕本報訊,〈衛生處教育廳日內疏散霧峰下月一日開始辦公〉,《中央日報》,1956年7月29日,第3版。

〔註84〕〈衛生處喬遷〉,《聯合報》,1965年10月27日,第2版。

〔註85〕臺灣省文獻委員會,《臺灣省政府中興新村耆老口述歷史座談會紀錄》,頁100～101。

〔註86〕謝東閔,《歸返:我家和我的故事》,頁243。

的情況下，疏散更被視為中華民國政府亟需執行之事。總統指示要兩周內（11月8日至11月22日）全部疏散，但當時營盤口之辦公廳尚未建築完成，因此各廳處一部份先遷往霧峰，另一部份則遷往臺中，[註87] 遷往臺中之廳處則被視為第二階段且等至中興新村工程完工後再一舉南遷。以下為針對疏遷單位搬遷順序之會議資料：

> 乃將其餘九單位（民政廳、財政廳、建設廳、農林廳、社會處、交通處、主計處、人事處）大部份職員一二〇〇人，先行遷往臺中，暫遷機關學校辦公，迨至本年六月中興新村房屋工程大部完成，遂將暫遷九單位職員一二〇〇遷入新建廳舍，預計中興新村尚可容納三八五人辦公，（連同已遷之一二〇〇人共為一五八五人）在短期內可自臺北遷來。[註88]

從上述資料中可以發現在辦公處所搬遷方面，第二階段之廳處包括民政廳、財政廳、建設廳、農林廳、社會處、交通處、主計處、人事處等廳處，於教育廳、衛生處搬遷至霧峰的同時，就已經向霧峰、臺中市相關單位借用辦公處所做初步之單位分配，因此第二階段之廳處於第一階段之廳處遷入霧峰的同時，早已於臺中市區與霧峰規劃暫時安置的初步地點。另外職員住宿方面，根據報紙記載及當時員工的口述資料，可以發現同樣也分成兩個部分：在霧峰辦公之職員租用臺中至霧峰地方的草湖倉庫；至於遷往臺中之職員則均住在臺中市區內，並分別租定房屋，[註89] 之後待中興新村完工再正式遷入。關於第二階段之辦公廳與宿舍之詳細地址，可各自參見表4、表5：

表4：第一階段霧峰借用辦公處所之單位分配

各廳處單位	分配地點
秘書處	霧峰省府新建大樓
民政廳	臺中市政府
建設廳	社會就業服務處（臺中公園中山堂）
農林廳	臺中市大同國民學校大禮堂

[註87] 臺灣省文獻委員會，《臺灣省政府中興新村耆老口述歷史座談會紀錄》，頁104～105。

[註88] 「秘書處報告關於省府辦理疏遷情形及四十六年度疏遷計劃暨四十六年度疏遷經費預算用途案。」（1957年8月6日），〈01委員會議〉，《臺灣省政府委員會議檔案》，國史館臺灣文獻館，典藏號：00501051303。

[註89] 〈辦公地址已定即可開始辦公〉，《聯合報》，1957年6月6日，第3版。

交通處	臺中市光復國民學校大禮堂
社會處	青菜運銷合作社
人事處	霧峰國民學校大禮堂
財政廳	霧峰菸葉收集所、省立一中大禮堂
主計處	霧峰農職

來源：整理自中央社，〈省府疏遷工作十九正式開始下月一日開始在中部辦公各廳處辦公處所初步決定〉，《中央日報》，1956 年 11 月 14 日，第三版；臺灣省文獻委員會，《臺灣省政府中興新村耆老口述歷史座談會紀錄》，頁 104～105。

表 5：職員宿舍之分配

各廳處單位	分配地點
秘書處	草湖倉庫
民政廳	臺中市民族路光華巷及合作新村宿舍
建設廳	臺中市公園路 1 號及復興路 14 號宿舍
農林廳	臺中市平等街、臺中路和平巷及民族路六十五號等宿舍
交通處	草湖倉庫
社會處	臺中市合作新村
人事處	草湖倉庫
財政廳	草湖倉庫
主計處	草湖倉庫

來源：整理自〈辦公地址已定即可開始辦公〉，《聯合報》，1957 年 6 月 6 日，第 3 版。

等到 1957 年（民國 46 年）6 月 22 日，中興新村工程完工。疏遷來中部的各單位除教育廳、衛生處仍在去年興建的霧峰大廈辦公外，第二階段之廳處於 6 月 20 日才開始陸續遷往南投縣所屬之營盤口新建省府所在地辦公。[註90] 以下為第二階段辦公廳處之搬遷情形：

1. 人事處

人事處最早為配合省府疏散政策，於 1955 年（民國 44 年）4 月 30 日疏散至陽明山管理局士林鎮楠雅施公祠。[註91] 隔年 11 月則遷移至霧峰，辦公

[註90]〈新建疏遷大廈〉，《聯合報》，1957 年 6 月 6 日，第 3 版。
[註91]「省府人事處填具疏散情形報告表函送案」（1955 年 5 月 14 日），〈各單位疏散情形報告（0044/ZG1/9/1）〉，《臺灣省級機關》，國史館臺灣文獻館（原件：國家發展委員會檔案管理局），典藏號：0040810023843006。

地點位於霧峰國小，於 12 月開始辦公並將物資局之倉庫作為職員宿舍。之後於 1957 年（民國 46 年）6 月 29 日移駐中興新村主席大樓的二樓。〔註 92〕

2. 交通處

交通處先前在疏散計畫時，將一部分檔案搬至鶯歌。之後於 1956 年（民國 45 年）暫時遷至臺中，並借用忠孝國校禮堂，但因該校教室不夠，禮堂現仍作為教室，無法遷讓。最後決定改借位於臺中市三民路一號光復國校禮堂。〔註 93〕之後於隔年 7 月遷入中興新村，並將一些交通附屬單位設置於臺北辦事處，並與主計處合署辦公。〔註 94〕

3. 建設廳

建設廳原先在臺北市監察院辦公，在疏散計畫時遷至新莊，於 1956 年（民國 45 年）11 月 22 日先暫時遷至社會就業服務處，位於臺中市自由路一號，中山公園對面的中山堂。〔註 95〕之後中興新村工程完工後，於隔年 6 月 25 日遷入並在 29 日開始辦公。辦公廳完成後，建設廳內的單位之搬遷分成兩個梯次。第一梯次直接從臺北遷入中興新村；第二梯次則先遷至臺中高農大禮堂，至 1959 年（民國 48 年）10 月才遷入中興新村。〔註 96〕

4. 農林廳

農林廳於 1955 年（民國 44 年）4 月疏散至景美國校，〔註 97〕並於隔年 11 月 28 日暫時疏遷至臺中，12 月 1 日在臺中市自由路 97 號大同國民學校內正式開始辦公。〔註 98〕之後於 1957 年（民國 46 年）7 月 1 日正式搬遷至中興新村，9 月公告各機關之公務接洽地址為南投中興新村中正路 49 號。〔註 99〕

〔註 92〕臺灣省文獻委員會，《臺灣省政府中興新村耆老口述歷史座談會紀錄》，頁 335～336。

〔註 93〕〈省府疏遷中部辦公廳地點部份有變更〉，《中央日報》，1956 年 11 月 19 日，第 3 版。

〔註 94〕臺灣省文獻委員會，《臺灣省政府中興新村耆老口述歷史座談會紀錄》，頁 169。

〔註 95〕〈辦公地址已定即可開始辦公〉，《聯合報》，1957 年 6 月 6 日，第 3 版。

〔註 96〕臺灣省文獻委員會，《臺灣省政府中興新村耆老口述歷史座談會紀錄》，頁 169。

〔註 97〕「財政廳疏散情形報告表函送案」（1955 年 5 月 23 日），〈各單位疏散情形報告（0044/ZG1/9/1）〉，《臺灣省級機關》，國史館臺灣文獻館（原件：國家發展委員會檔案管理局），典藏號：0040810023843005。

〔註 98〕〈函各級機關團體為列舉臺灣省農林廳疏遷臺中市辦公有關通訊事項，希查照〉，《臺灣省政府公報》，民國 45 年 12 月 10 日。

〔註 99〕〈函臺灣省政府各廳處局及有關各機關、通知臺灣省農林廳所屬各機關為臺灣省農林廳已疏遷南投中興新村中正路 49 號辦公，各機關公務接洽等請向上

5. 民政廳

1956 年（民國 45 年）12 月民政廳暫時遷至臺中市政府辦公，並分成兩個梯次。[註100] 等至中興新村工程完工後，再直接南遷至中興新村。隔年 7 月 1 日，民政廳遷至中興新村。不過民政廳內的第二科負責處理第三屆省議員暨縣市長選舉，[註101] 因此與第三科（兵役科）直至 10 月底才從臺北南遷。[註102]

6. 財政廳

財政廳於 1955 年（民國 44 年）4 月分兩梯次疏散至北投、中和。[註103] 隔年 11 月 26 日遷至臺中一中辦公，職員宿舍為草湖倉庫，1957 年（民國 46 年）搬遷至中興新村。[註104] 之後考量財政廳為省府目前需要疏遷而仍留臺北的人員最多之單位，因此省府於 1957 年（民國 46 年）10 月 19 日的疏遷會議中提及，疏遷委員會須在臺中市為該廳另洽訂房屋，[註105] 以利辦公人口居住。

7. 主計處

主計處於 1955 年（民國 44 年）3 月 15 日先疏散至陽明山管理局北投鎮北投中學並分成兩個梯次。[註106] 第一梯次於 1956 年（民國 45 年）11 月底遷至臺中霧峰農業職校辦公，單位包括一科、二科、總務與人事；第二梯次為統計部，於隔年直接從臺北南遷至中興新村與交通處合署辦公。[註107]

開地址辦理〉，《臺灣省政府公報》，民國 46 年 9 月 19 日。

〔註100〕〈函臺灣省所屬各機關為開列臺灣省民政廳疏遷臺中及暫留臺北各單位暨附屬機關，希查照〉，《臺灣省政府公報》，民國 46 年 1 月 9 日。

〔註101〕〈一、關於司機工友家眷津貼問題；……〉，（1956 年 12 月 17 日）：〈臺灣省議會史料總庫・議事錄〉典藏號：002-02-06OA-00-6-2-0-00172。

〔註102〕臺灣省文獻委員會，《臺灣省政府中興新村耆老口述歷史座談會紀錄》，頁 144。

〔註103〕「財政廳疏散情形報告表函送案」（1955 年 5 月 23 日），〈各單位疏散情形報告（0044/ZG1/9/1）〉，《臺灣省級機關》，國史館臺灣文獻館（原件：國家發展委員會檔案管理局），典藏號：0040810023843005。

〔註104〕臺灣省文獻委員會，《臺灣省政府中興新村耆老口述歷史座談會紀錄》，頁 241～242。

〔註105〕〈省府定十九日舉行疏遷會議〉，《聯合報》，1957 年 10 月 17 日，第 3 版。

〔註106〕「省府主計處疏散情形報告表檢送案」（1955 年 5 月 19 日），〈各單位疏散情形報告（0044/ZG1/9/1）〉，《臺灣省級機關》，國史館臺灣文獻館（原件：國家發展委員會檔案管理局），典藏號：0040810023843010。

〔註107〕臺灣省文獻委員會，《臺灣省政府中興新村耆老口述歷史座談會紀錄》，頁 241～242。

8. 社會處

　　社會處最初在原行政院前面的新聞局辦公。1956 年（民國 45 年）搬遷時因廳舍尚未完全興建，因此先遷至臺中市民權路青果合作社，並在 12 月 1 日開始辦公。〔註108〕隔年中興新村廳舍工程大部分已興建完工，但社會處的大樓還沒落成，因此先與醫務所一起於農林廳辦公，直至 1958 年（民國 57 年）初才遷至現在的辦公地點。〔註109〕以上為第二階段省府各辦公廳處之搬遷情形，臺灣省政府之疏遷工作於 1957 年（民國 46 年）6 月 30 日下午全部完成，7 月 1 日於南投縣中興新村正式辦公。〔註110〕

　　經由本章的討論，我們可以發現以下三點：首先，臺灣省政府的疏散背景實則與戰後兩岸軍事情況的升溫有關。在中華民國政府遷臺後，除了使中央或地方機關實行防空疏散政策之外，行政中心高度集中更使臺北辦公空間不足、成為空襲目標，因此省府於 1950 年代初開始進行外雙溪之疏散工作。

　　其次，省府為何從「疏散」外雙溪演變成「疏遷」中部？主要是考量中央政府與臺灣省政府的位階問題、中美共同防禦條約的簽訂以及區域均衡之發展等，綜合以上條件，決議將臺灣省政府疏遷至中部，並將辦公廳舍分布於霧峰及營盤口兩處疏遷地，營盤口方面則分為兩個階段陸續進行搬遷。

　　最後，值得注意的是劉永楙對於省府疏遷地點選址、工程進行為一關鍵性的人物，他除了擔任疏散工程處主任之外，對於日後省府宿舍群之規劃與興建又占有何種角色？此為下一章接續探討的問題。

〔註108〕　〈函各級機關為臺灣省社會處自 45 年 12 月 1 日起疏遷至臺中市民權街新址辦公，希查照〉，《臺灣省政府公報》，民國 45 年 12 月 14 日。

〔註109〕　臺灣省文獻委員會，《臺灣省政府中興新村耆老口述歷史座談會紀錄》，頁 144～145。

〔註110〕　「本府已由台中縣霧峰鄉遷移南投縣中興新村七月一日起在省府新廈開始辦公」（1957 年 7 月 1 日），〈本府疏遷中興新村（0046/017/5/1）〉，《臺灣省級機關》，國史館臺灣文獻館（原件：國家發展委員會檔案管理局），典藏號：0040170026787007。

第三章　劉永楙與歐美新市鎮概念的演變

　　藉由上一章的討論，除了對於省府疏遷政策的執行過程，有相當程度的瞭解之外，同時省府為因應疏遷人員、家屬之安置，自 1950 年代起開始興建宿舍群。此時間點正值英國規劃新市鎮之風潮，該新市鎮概念之起源與發展究竟如何形成？此時，擔任疏散工程處主任劉永楙，為中國福建省閩侯縣人，參見圖 5，二戰結束後前往臺灣。我們有必要先了解其求學過程、在臺的工作經歷，且對於戰後臺灣之復原與基礎建設，有什麼實質的貢獻與影響？

圖 5：劉永楙先生

來源：呂芳上等訪問、謝采秀等紀錄，《都市計畫前輩人物訪問
記錄》（臺北：中研院近史所，2000 年），頁 85。

最後，從以下劉永楙之口述資料可以發現，他在 1952 年（民國 41 年）任職省府機關期間獲取獎學金赴英國考察新市鎮概念，並應用至中興新村：

> 中興新村興建之概念確參考英國之新市鎮計畫，此乃本人於一九五二年獲聯合國技術合作計劃獎學金，赴英考察自來水經營管理時，順便考察所得之智識。〔註1〕

由此可知，劉永楙不僅參與了省府高層疏遷地址的決策，擔任疏散工程處主任的他，也進行省府宿舍群之規畫與興建，更為整體工程之核心人物。值得留意的是，他在 1952 年（民國 41 年）期間曾遠赴英國，考察過程中所獲得之具體內容是什麼？對於光復新村、中興新村之規劃與設計有何啟發與重要性？關於本章之研究架構，參見圖 6：

圖 6：研究架構圖

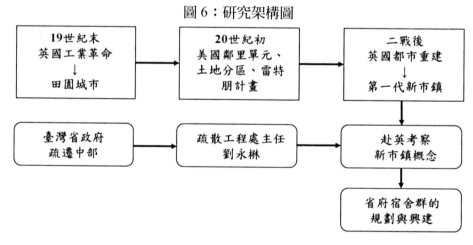

表6：劉永楙在臺時間斷限表

1945 年（民國 34 年）	二戰結束來臺，成為首批來臺從事建設工作人員，負責全省自來水工作。
1949 年（民國 38 年）	擔任建設廳土木科科長。
1952 年（民國 41 年）	運用聯合國獎助學金赴英考察，隔年返臺。
1954 年（民國 43 年）	升任建設廳副廳長。隔年兼任省府疏散工程處主任開始著手宿舍群之規畫與興建。
1957 年（民國 46 年）	應聯合國借聘，擔任世界衛生組織顧問離開臺灣。

來源：〈臺灣光復初期自來水政策主導者劉永楙先生〉（T1016_03_01_011），《劉永楙文書》（T1016），中研院臺史所檔案館數位典藏。

〔註 1〕 臺灣省文獻委員會，《臺灣省政府中興新村耆老口述歷史座談會紀錄》，頁 55。

第一節　歐美新市鎮概念之演變

歐洲城市自 19 世紀中葉後發生了重大變化，主要有下列原因：

第一、中世紀城鎮中用於防禦工事之城牆逐漸開放，使日後城市結構的興建有擴大的機會。例如：1853 年奧斯曼的巴黎改造工程（法語：travaux haussmanniens）、1860 年位於巴塞隆納（Barcelona）的塞爾達都市計畫（El Plan Cerdà）及 1862 年柏林的霍布雷希特計畫（Hobrecht Plan）。〔註 2〕以上三個計畫區之規劃，為當地的城市範圍帶來擴張與發展，其中巴黎改造工程更規劃了林蔭大道、都市公園、自來水、下水道系統以及嚴格的建築物設計綱要。〔註 3〕

第二、維多利亞時代（Victorian era，1837～1901）為英國工業發展最巔峰的時期，此時期的城市在工業革命下肩負重要的生產任務，隨著工業化與城市化的蓬勃發展，經濟繁榮與產業升級為人民帶來了財富卻間接造成城市環境的污染。除此之外，城市以較高的工資、充足的就業機會、良好的發展潛力等優渥條件，吸引了來自周邊及其他地區之鄉村人口，許多中下階層的居民離開原本生活的郊區，居住於城市空間狹窄、擁擠不堪的貧民窟，不僅破壞了原本的社會均衡，同時城市公共衛生設施的興建速度遠不及鄉村人口的大量移入，更加速其衛生條件的惡化。〔註 4〕例如：1830 年至 1832 年間霍亂的高死亡率、英國倫敦於 1871 年至 1881 年，十年之間增加約 90 萬人口等情形，更使當局反思公共衛生的重要性與人口膨脹的改善對策，公共衛生問題已被證明是至關重要的。

因此除了英國之外，大部分的歐洲城市為減輕城市工業化所帶來的環境衝擊，自 19 世紀起陸續制定新的城市規劃、設置公共垃圾桶，希望透過廢物、水之妥善處理以降低環境的污染，並且運用花園、樹木和植被等三個元素興建公園，重新設計綠色空間。〔註 5〕以上三個元素不但用於城市裝置藝術的一

〔註 2〕Sandrine Glatron, Laurence Granchamp, *The Urban Garden City: Shaping the City with Gardens Through History* (Switzerland: Springer International Publishing AG, 2018), p.35.

〔註 3〕Edward Relph, *The modern urban landscape* (Baltimore: Johns Hopkins University Press, 1987), p.51.

〔註 4〕Robert Beevers, *The Garden City Utopia: A Critical Biography of Ebenezer Howard* (London: MacMillan, 1988), p.10.

〔註 5〕Sandrine Glatron, Laurence Granchamp, *The Urban Garden City: Shaping the City with Gardens Through History*, pp.35~36.

環，甚至成為改善空氣的重要元素。因此在道路的修築過程中擴大街道並種植樹木以改善空氣質量，不僅提升了城市的空氣環境品質，同時也參與了城市的街道美學。〔註6〕

　　第三、19世紀末工業家為提升勞工生產力，開始為勞工興建模範城鎮，進行土地分區與街道設計等實驗，在此過程中無意間創造新穎的社區規劃。例如：美國伊利諾州（Illinois）、英國利物浦陽光港（Port Sunlight）、布朗村（Bournville）及鄂斯威克（Earswick）等城鎮皆實施土地分區概念將家庭住屋區分，且包括圖書館、商店、公園及學校等社區設施，〔註7〕其中鄂斯威克更有前後院、三線道路及囊底路等規劃。〔註8〕

　　為了解決以上城市規劃與環境衛生等問題，英國倡議者埃伯尼澤·霍華德（Ebenezer Howard，1850～1928）結合自己在英格蘭南部鄉鎮的成長環境、親眼見證芝加哥大火後的重建過程以及閱讀相關創作書籍等，對於其城市規劃有了初步設想。之後於1898年10月出版《明日：一條通向真正改革的和平道路》（*To-morrow: A Peaceful Path to Real Reform*）一書，之後於1902年重新出版並進行了修訂，命名為《明日的田園城市》（*Garden Cities of To-Morrow*），〔註9〕書中提出「田園城市」（Garden Cities）理論，主張結合鄉村與都市兩環境之特色，打造適合人類的居住環境。用以解決當時19世紀末在英國工業化的快速發展下所衍生的都市問題，霍華德不僅為現代都市計畫學門的開創者，〔註10〕

〔註6〕 1840～1850年代英國倫敦的攝政公園（Regent's Park）、維多利亞公園（Victoria Park）以及巴特西公園（Battersea Park）；法國巴黎的布洛涅林苑（Leboisde Boulogne）、肖蒙山丘公園（Parc des Buttes-Chaumont）與德國柏林的蒂爾加滕（Tiergarten）等地有互相對應的模型。參見 Sandrine Glatron, Laurence Granchamp, *The Urban Garden City: Shaping the City with Gardens Through History*, p.36.

〔註7〕 1881～1885年美國伊利諾州為鐵路車廂工人興建公司城鎮、1890年代英國陽光港、布朗村及鄂斯威克之規劃。參見 Edward Relph, *The modern urban landscape*, pp.51~52.

〔註8〕 囊底路首見於1890年代雷蒙·歐文（Raymond Unwin）、貝里·帕克（Barry Parker）所規劃的鄂斯威克（Earswick），囊底路主要是指一條巷路進入巷道後沒有通路，形成一個像囊袋一樣的小圓環，車子可以進行迴旋參見 Edward Relph, *The modern urban landscape*, p.52；鍾起岱，《中興新村學：從臺灣省政府到高等研究園區》（臺北：蘭臺出版社，2017年），頁81。

〔註9〕 Kermit C. Paasons, David Schuyler, *From Garden City to Green City: The Legacy of Ebenezer Howard* (Baltimore: The Johns Hopkins University Press, 2002), pp.20~28.

〔註10〕 埃伯尼澤·霍華德（Ebenezer Howard，1850～1928），田園城市創始人，主張

同時為 19 世紀末期的都市計畫提出了新的構想。

一、田園城市（Garden Cities）

　　霍華德的田園城市理論，提倡運用農園或花園將人類居住之社區環境進行包圍，將城市與鄉村兩者之特色融合為一。〔註11〕在具體項目中規劃為一塊 6,000 英畝的土地，其中 5,000 英畝為農地面積，剩餘的 1,000 英畝則規劃為市地面積，可出租給予計畫建設之單位，〔註12〕計畫人口約 32,000 人，參見圖 7：

圖 7：田園城市示意圖

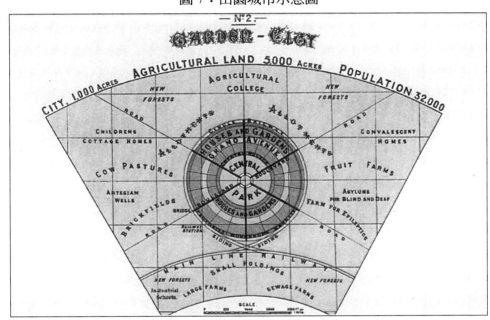

說明：整個自治市範圍的平面圖，田園城市位於中央之紅色區塊。
來源：埃伯尼澤·霍華德（Ebenezer Howard）著；吳鄭重譯，《百年眾望經典·明日田園城市》。

　　　　結合鄉村與都市生活，解決工業化快速發展的都市問題。田園城市英文為 Garden City，無論是翻譯成花園城市或田園城市，均為規畫之概念。參見埃伯尼澤·霍華德（Ebenezer Howard）著；吳鄭重譯，《百年眾望經典·明日田園城市》（新北市：聯經出版，2020 年）；〈田園城市概念不該被簡化〉，《聯合報》，2016 年 9 月 15 日，第 D2 版。

〔註11〕埃伯尼澤·霍華德（Ebenezer Howard）著；吳鄭重譯，《百年眾望經典·明日田園城市》，頁 94。

〔註12〕Ebenezer Howard, *Garden Cities of To-Morrow* (Cambridge Massachusetts: The Massachusetts Institute of Technology Press, 1965), p.51.

　　首先中心點為一個占地約 5.5 英畝（2.23 平方公里）的花園，且作為 6 條放射狀寬闊大道（boulevards）將田園城市劃分為 6 個區塊（ward）之重要節點；〔註13〕其次，在中心花園外側的白色地帶為圖書館、醫院、歌劇院、音樂廳、市政廳等公共建築的設立，再搭配由灰色地帶的水晶宮所圍繞之中央公園（Central Park），兩者作為社區居民之休閒空間；〔註14〕最後則是由環狀鐵路及林蔭大道所圍繞的住宅與庭園，同時也為田園城市概念之主體。

　　再以寬闊大道（boulevards）所分割的 6 個區塊（ward）放大來看，參見下頁圖 8。首先，從水晶宮向外為第五大道（Fifth Avenue）、第四大道（Fourth Avenue），道路上的住宅大部分成環狀排列；〔註15〕其次林蔭大道（Grand Avenue）為綠帶（green belt），與環狀道路將田園城市中心點以外的部分分成了 6 個基地，基地裡面設有公立學校、遊戲場、花園及教堂等；〔註16〕最後為邊緣地帶以第一大道為分界線，設有工廠、倉庫、牧場、批發市場、煤礦集散場、木材集散場等，交通由環狀鐵路、支線鐵路及幹線鐵路相互搭配構成。〔註17〕

　　霍華德的田園城市理論對於 19 世紀末新市鎮之規劃有顯著的影響。首先，在同條道路上之住宅建築需要統一對齊街道線，各自庭院建築可以種植樹木、花草綠化整體新市鎮之空間景觀。〔註18〕其次在交通方面，從圖 3-9 可以發現鐵路、道路皆呈環狀以及工廠、倉庫皆位於田園城市的外側。如此一來，用來裝載貨物的貨車將不會駛入社區，不僅可減少社區內的車流量，同時也可降低貨車對社區內道路的損害、降低維護成本；〔註19〕另外在汽車擁有率低的情況下，放射狀的寬闊大道除了確保田園城市不會遭遇嚴重的塞車

〔註13〕Irning Lewis Allen, *New towns and the suburban dream* (Port Washington, N. Y.: Kennikat Press Corp, 1977), p.190.; Ebenezer Howard, *Garden Cities of To-Morrow*, pp.51~53.

〔註14〕中央公園（Central Park）由「水晶宮」所圍繞而成的寬闊區域，是一個占地 145 英畝（58.68 公頃）的公園，裡面有足夠的休閒空間。參見埃伯尼澤・霍華德（Ebenezer Howard）著；吳鄭重譯，《百年眾望經典・明日田園城市》，頁 107～108。

〔註15〕埃伯尼澤・霍華德（Ebenezer Howard）著；吳鄭重譯，《百年眾望經典・明日田園城市》，頁 108。

〔註16〕Ebenezer Howard, *Garden Cities of To-Morrow*, pp.54~55.

〔註17〕Ebenezer Howard, *Garden Cities of To-Morrow*, p.55.

〔註18〕Ebenezer Howard, *Garden Cities of To-Morrow*, p.54.

〔註19〕Ebenezer Howard, *Garden Cities of To-Morrow*, p.55.

問題，〔註20〕同時環狀的規劃使汽車之行進速度大為降低。

圖 8：田園城市分區與中心圖

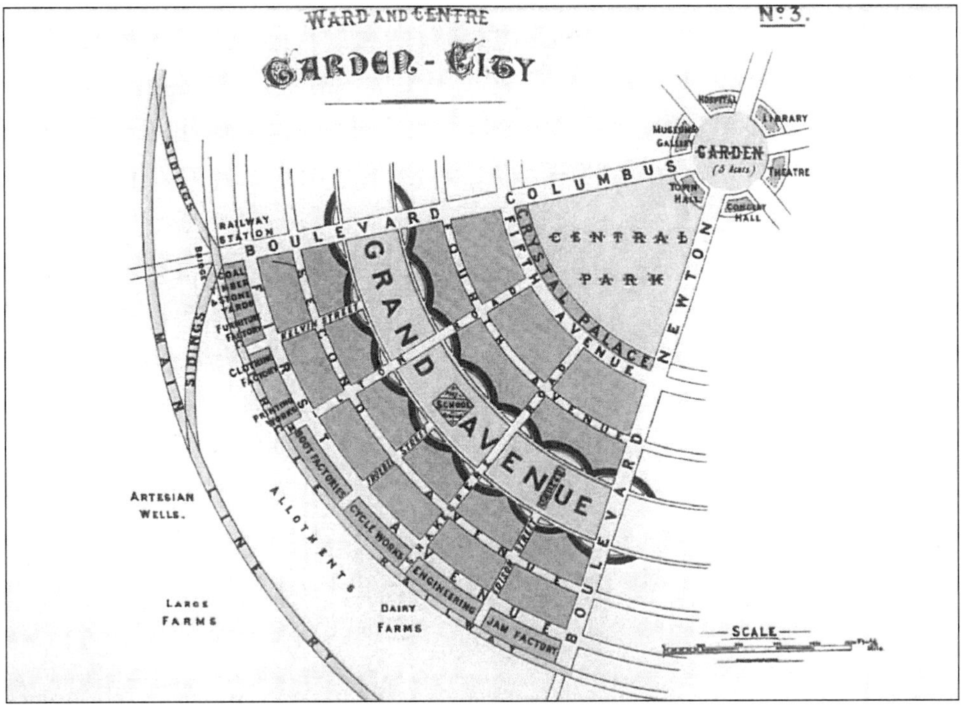

來源：埃伯尼澤・霍華德（Ebenezer Howard）著；吳鄭重譯，《百年眾望經典・明日田園城市》。

　　最後公共設施方面，霍華德顛覆了土地價值高昂之傳統觀念，且重視社區內居民的休閒空間，於此情況下在社區內設置公園；〔註21〕另外，運用兼具市營與民營企業的方式來經營公有市場，〔註22〕除了公園、市場外還包括學校、教堂及娛樂場所的分配，體現了田園城市自給自足之精神。在辛晚教《都市及區域計劃》一書中對於田園城市之七項主要構想有做詳細的整理，參見表7：

〔註20〕埃伯尼澤・霍華德（Ebenezer Howard）著；吳鄭重譯，《百年眾望經典・明日田園城市》，頁 115、289。

〔註21〕埃伯尼澤・霍華德（Ebenezer Howard）著；吳鄭重譯，《百年眾望經典・明日田園城市》，頁 115。

〔註22〕Ebenezer Howard, *Garden Cities of To-Morrow*, pp.96~97.

表 7：田園城市理論（Garden Cities）

土地面積：6,000 英畝	市地 1,000 英畝、永久農業地帶 5,000 英畝。
容納人口	30,000 人。
完整平衡之社會及功能結構	社會階層及團體。
交通道路系統	採用放射及環形系統。
土地使用政策	公園、學校、娛樂場所、教堂等設施與分配。
鄰里單元（Ward）	每一單位規模 5,000 人。
土地權屬	準公有或信託所有，有效管制土地使用。

來源：辛晚教，《都市及區域計劃》（臺北市：中國地政研究所，1982 年），頁 214。

　　霍華德在財政改革方面，主張社區之所有土地收歸公有，並收取房租或地租來用於城市的建設經費與經營管理，除了解決土地升值的問題，同時有效地管制土地的使用。〔註23〕另外值得注意的是，圖 8 為田園城市中的一個區塊（ward），可見公園、工廠與學校等公共設施皆設置於住宅區外的範圍，對於住宅區內各戶居民前往就學、工作與購物等均屬方便，在土地使用的分區及分配、社區規模的控制為日後 20 世紀初鄰里單元原則的提出奠下了基礎。

　　因此，霍華德的田園城市在整體環境規劃方面，包括城市與鄉村的結合、規模大小的限制、生態環境的重視及基礎公共設施之計畫與實踐等，對於全球 19 世紀末至 20 世紀初之城市規劃具有承先啟後之作用。

二、英國田園城市：萊奇沃思（Letchworth）、韋林（Welwyn）

　　霍華德於 1898 年正式發表田園城市理論之概念，隔年「田園城市協會」（Garden city association）成立，〔註24〕該會不僅推廣霍華德於書中所闡述的思想，同時參與了公共城市規劃的倡導。之後於 1902 年成立了花園城市先鋒公司（Pioneer Garden City Company），並且計畫購買一地作為田園城市理論可行性的證明。〔註25〕

　　隔年，公司決定於倫敦北方萊奇沃思（Letchworth）興建第一座田園城市，

〔註23〕洪光榮，〈田園城市理論對小城鎮規劃發展的啟示〉，《孝感學院學報》第 3 期（2010 年 5 月），頁 79。

〔註24〕1909 年將名稱更改為「田園城市和城市規劃協會」（Garden Cities and Town Planning Association）。參見自 Ebenezer Howard, *Garden Cities of To-Morrow*, p.33.

〔註25〕Kermit C. Paasons, David Schuyler, *From Garden City to Green City: The Legacy of Ebenezer Howard*, p.1.

由雷蒙‧歐文（Raymond Unwin，1863～1904）和貝里‧帕克（Barry Parker，1867～1947）兩位設計師規劃，於 1914 年完工。Barry Parker 是一位來自德比郡的年輕建築師，他的職業生涯始於受工藝美術運動影響的紡織品和牆紙設計師；Raymond Unwin 則長期接受城市規劃工程師之培訓，兩人都是霍華德的早期支持者，並將其構想套用至萊奇沃思（Letchworth）之興建，〔註 26〕圖中可見萊奇沃思城區由綠帶（green belt）包圍，由內向外依序排列為商業區、工業區、住宅區與外圍村落，另外鐵路作為重要交通線，貫穿城市內三個功能區域並提供與外圍村落之運輸功能，增進其城市發展，〔註 27〕參見圖 9：

圖 9：Letchworth

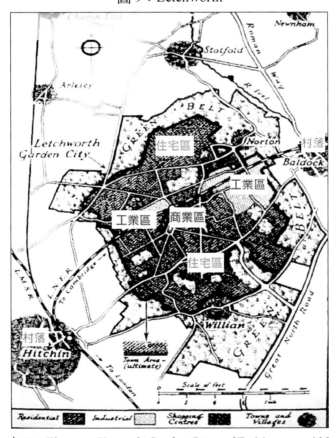

來源：Ebenezer Howard, *Garden Cities of To-Morrow*, p.105.

〔註 26〕Fishman, *Robert. Urban Utopias in the Twentieth Century: Ebenezer Howard, Frank Lloyd, Wrightand Le Corbusi* (New York: Basic Books, 1977), p.67.

〔註 27〕陳芳君，〈艾班尼澤‧霍華德（Ebenezer Howard，1850～1928）與其「田園城市」理論〉，《史學研究》第 22 期（2009 年 7 月），頁 197。

　　一戰結束後，1920 年位於倫敦北方的第二座田園城市韋林（Welwyn）完工，〔註28〕由建築師 Louis de Soissons 汲取 Raymond Unwin 和 Barry Parker 兩位設計師於第一座田園城市，萊奇沃斯（Letchworth）的興建經驗加以規劃。〔註 29〕Welwyn 城區中心點為商業區，另外由南北向鐵路與東西向道路（Hertford Branch、Luton Branch）兩個主要交通軸分割成一個象限，東北方為工業區、住宅區則分布在東南、西南與西北三側，外圍則由零星村落分布。從圖 10 中，可以發現該新市鎮很明確地將工業區、住宅區、商業區及村落作區分，以上各功能區可以藉由兩條十字型的交通軸線相互聯繫。

圖 10：Welwyn

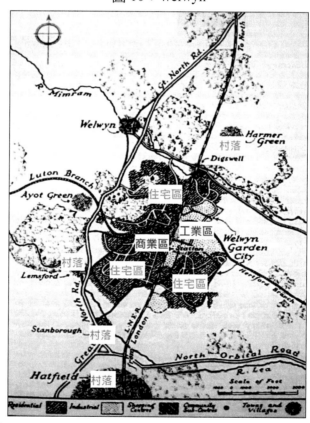

來源：Ebenezer Howard, *Garden Cities of To-Morrow*, p.129.

〔註28〕 Lorimer, Emily Overend, Mrs (Mrs D. L. R. Lorimer), *Sir Ebenezer Howard and the Town Planning Movement* (The Times Literary Supplement Centenary Archive, 1933), p.742.

〔註 29〕 Fishman, *Robert. Urban Utopias in the Twentieth Century: Ebenezer Howard, Frank Lloyd, Wrightand Le Corbusi*, p.79.

　　以上兩座城市土地之取得與運用方式，皆由田園城市公司直接管理，商業活動由公司壟斷，此運作與霍華德土地公有之構想並不一致為一可惜之處；不過兩座城市對於城市規劃與社區管理，將城市、鄉村二者之優點相互協調包括綠帶的規劃與功能分區的設計，例如：商業區、工業區與住宅區之區隔。不僅改善居民的居住環境品質，同時兼顧整體土地之永續發展，充分體現霍華德田園城市之構想。對於當時倫敦人口過於飽和、環境規劃不足之問題提供一緩解模式。〔註30〕之後於20世紀初逐漸對國際間產生影響，包括美國、法國、日本與澳洲等國，例如：法國位於巴黎周圍的第一個新市鎮，敘雷納（Suresnes）於1921年完工、美國於1920年代起陸續以田園城市概念為根基，提出新市鎮之相關理論。〔註31〕

三、美國：鄰里單元（Neighborhood Unit）、土地分區（Zoning）、雷特朋計畫（Raeburn）

　　1920年代，美國國內逐漸提倡將田園城市理論與區域規劃兩個理念互相結合，並成立「美國區域規劃協會」，〔註32〕希望對於日後的城市規劃有新的啟蒙。於此同時，1920年代後汽車產業蓬勃發展成為大眾重要的交通工具，不僅加速了城鎮的郊區化，同時也導致意外事故、交通壅塞等問題。〔註33〕

　　因此，美國一都市計畫師，科拉倫斯·佩里（Clarence Arthur Perry）為紐約區域規劃和城市再造委員會之工作人員，居住於皇后區之森林山丘（Forest Hills Gardens），〔註34〕此社區之規劃試圖運用田園城市理論所興建。不過其道路設計太過密集且在汽車日漸普及的情形下，須顧慮道路行人之徒步安全。因此科拉倫斯·佩里運用其生活經驗並於1929年提出正式於紐約區域計劃中提出鄰里單元原則。彼得·霍爾（Peter Hall）於《明日城市》一書中提及該原則主張學校、公園等公共設施必須設置於一鄰里單元之中心點，再以中心點向外規劃一同心圓，園內半徑範圍為居民的住宅區，此設計不僅能使學童、

〔註30〕馬萬利，〈田園城市理論的初步實踐和歷史影響〉，《浙江學刊》第2期（2005年2月），頁86。

〔註31〕Ward Stephen V, *The Garden City: Past, Present and Future*, (London: E & FN Spon, 1992), pp.52~107.

〔註32〕馬萬利，〈田園城市理論的初步實踐和歷史影響〉，頁88～89。

〔註33〕Edward Relph, *The modern urban landscape*, p.65.

〔註34〕Peter Hall, *Cities of tomorrow: an intellectual history of urban planning and design in the twentieth century*,(Oxford, UK; New York: Blackwell Pub, 1988) p.123.

老人前往學校與公共設施途中步行距離縮短，公共設施的設立也能加強社區居民的凝聚力。為了減少社區內車流量，規劃內外道路的層級分類，外部道路為主要幹道可承載穿越性汽車交通；內部道路則提供予社區內車輛之循環動線。〔註35〕

此時，土地分區概念（Zoning）與鄰里單元於相近時間提出，最初被運用於德國為了區隔屠宰場與住宅區以及美國種族歧視之目的，最後則在1916年被參考至紐約的城市規劃，並且區分該市的商業、住宅區使各區有各自之行政機能，此概念於1926年後被採用於美國其他城市。其後，1927年至1929年由克拉倫斯·史坦恩（Clarence Stein）與亨利·萊特（Henry Wright）提出雷特朋計畫（Raeburn），其中有幾項規劃為參考鄰里單元原則，例如：大型綠地、遊憩與文化設施之規劃；同樣為因應1920年代汽車持有率的增加，設置超大街廓、囊底路與分離式街道系統之設計。〔註36〕上述規劃原則於1930年代後被應用至美國的其他城鎮，同時也被應用於戰後英格蘭、瑞典等其他地方之新市鎮。〔註37〕

霍華德的田園城市理論在19世紀末提出後，雖然在土地權屬部份並無充分體現，但在社區規劃方面不僅為全球20世紀初的城市規劃方面提供一初步構想，間接衍生鄰里單元、土地分區及雷特朋計畫等概念之提出，同時在興建過程中經過英國建築師、城市規劃師的拓展與實驗包括土地使用、城市規劃與房屋設計等概念，更影響1940年代英國新市鎮的構想。〔註38〕

四、二戰後英國的都市重建：第一代新市鎮

二戰期間英國受德國猛烈攻擊下，政府於1943年成立「市鄉計劃部」

〔註35〕 Peter Hall, *Cities of tomorrow: an intellectual history of urban planning and design in the twentieth century*, pp.124~126.

〔註36〕 超大街廓由圍繞公園的住屋組成；囊底路則提供汽車之迴車空間；下方的步行隧道可將汽車與行人分離。參見 Edward Relph, *The modern urban landscape*, pp.65~69.

〔註37〕 如馬里蘭州的綠帶（Greenbelt）、俄亥俄州的格林希（Greenhill）以及威斯康辛州的格林代爾（Greendale）等移民區。參見 Peter Hall, *Cities of tomorrow: an intellectual history of urban planning and design in the twentieth century*, p.143.

〔註38〕 Raymond Unwin, Barry Parker, Patrick Abercrombie, Frederick Osborn and Patrick Geddes 等英國城市規劃、建築師。參見 Emmanuel V. Marmaras, *Planning London for the Post-war Era 1945~1960*, (Cham: Springer International Publishing: Imprint: Springer, 2015), pp.7~8.

（Ministry of Town and Country），開始準備二戰後都市重建政策的擬定與執行。〔註 39〕二戰結束後，1945 年英國政府為減輕都市密集人口的壓力成立「新鎮委員會」（New Towns Committee），負責研討新鎮之開發程序、組織機構與經營管理。〔註 40〕之後更分別於 1946 年與 1947 年頒佈「新市鎮法」（New Town Act）與「城鄉規劃法」（Town and Country Planning），〔註 41〕正式展開新鎮之建設，其中城鄉規劃法更賦予國家在土地開發上權力，以上專責單位的成立與相關政策的發布，為英國新市鎮之發展與開發奠定了基礎。

　　之後二戰結束，英國自 1946 年至 1950 年間，總共規劃 14 個新市鎮且稱之為第一代新市鎮，〔註 42〕關於其規劃理念可參見表 8：

表 8：第一代新市鎮之規劃理念

衛　　生	將住家、工作地點作區分，鄉村、戶外空間的可及性。
社會平衡與自足性	規劃鄰里單元，考量居民購物、通勤的方便性。

來源：辛晚教，《都市及區域計劃》，頁 215。

　　第一代新市鎮大多依據新鎮委員會之建議規劃設計，位置分別分布於倫敦、英格蘭中部與東北部、蘇格蘭及威爾斯。〔註 43〕其中，斯蒂夫尼奇（Stevenage）為二戰後英國所興建的第一個新市鎮，參見下頁圖 11。

　　斯蒂夫尼奇（Stevenage）於 1946 年興建，〔註 44〕地理位置位於萊奇沃思（Letchworth）與韋林（Welwyn）之間，雖然此新市鎮是由國家公權力直接介入興建，與先前霍華德主張地產公有之構想截然不同。不過此新市鎮的規劃可作為英國第一代新市鎮的參考案例，參見下頁圖 12。

〔註 39〕辛晚教，《都市及區域計劃》，頁 215。
〔註 40〕行政院研究發展考核委員會，《各國新市鎮發展概況》（臺北市：行政院研究發展考核委員會，1989 年），頁 2~3。
〔註 41〕Edward Relph, *The modern urban landscape*, pp.138~139.
〔註 42〕英國新市鎮之開發共分為三個階段：第一代新市鎮（1946~1955 年）、第二代新市鎮（1955~1967 年）、第三代新市鎮（1967 年以後）。參見戴嘉慧，〈臺灣花園城市中興新村──烏托邦想像之境？〉（臺北：國立臺北大學都市計劃研究所碩士論文，2013 年），頁 11。
〔註 43〕Peter Hall, *Cities of tomorrow: an intellectual history of urban planning and design in the twentieth century*, p.133.
〔註 44〕埃伯尼澤·霍華德（Ebenezer Howard）著；吳鄭重譯，《百年眾望經典·明日田園城市》，頁 41。

圖 11：斯蒂夫尼奇（Stevenage）地理位置圖

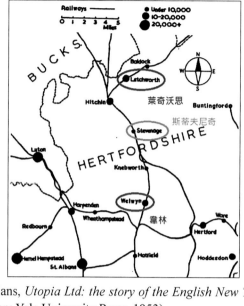

來源：Harold Orlans, *Utopia Ltd: the story of the English New Town of Stevenage*, (New Haven: Yale University Press, 1953).

圖 12：斯蒂夫尼奇（Stevenage）

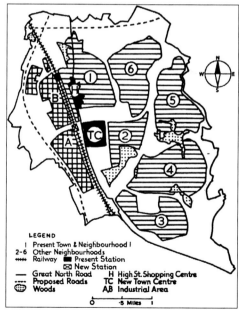

說明：編號 1 至編號 6 範圍為鄰里單元；H 範圍為購物中心；TC 範圍為新鎮中心；A、B 範圍為工業區。

來源：Harold Orlans, *Utopia Ltd: the story of the English New Town of Stevenage*, p.78.

從上圖 12 該新市鎮之設計再搭配表 8 的規劃理念，可以發現該社區之規劃：第一、6 個鄰里單元所組成之住宅區與 A、B 工業區，兩功能區作明顯區分，體現了土地分區原則；第二、該新市鎮之公共設施，如購物中心之設立，不僅滿足居民購物需求，此外綠地範圍的分布可以提供居民郊外之休閒空間；第三、鐵路、火車站及主要道路等興建，作為該新市鎮居民之通勤功能與社區以外的範圍進行聯繫。從以上居民生活的自足性、綠化建設等概念，可以歸納出英國整體第一代新市鎮的規劃特色，實則囊括了田園城市、土地分區及鄰里單元原則，對於英國當時的社區規劃與發展是至關重要的。

英國第一代新市鎮之興建目的，主要為容納二戰後日漸膨脹的倫敦人口，以及提供鋼鐵、煤礦工人的住宅需求等因素。〔註 45〕其盛行時間點座落於 1946 年至 1955 年，此時全球多數國家正處於城市殘破、重建之階段，漸漸搭起了提倡新市鎮計畫之風潮。在臺灣方面，中華民國政府遷臺後造成人口激增的情況、臺灣的都市問題一一浮現，此時空背景正好與英國城市於工業革命後，人口大量移入之情形頗為相似。為了因應以上情況，劉永楙擔任土木科長期間提出一都市計畫構想，主張都市的基本形成要素以點、線、面，分別象徵城鎮、道路河川、山坡田地三者所構成，強調都市計畫不應僅限定於土木工程領域進行籌備，而須納入農業、工業與國防等其他領域共同配合。換言之，興建房屋不應僅用水泥、磚塊堆疊而成，而須同時規劃房屋外的綠色空間、滿足生活機能的公共設施等。於此同時，英國於 1947 年（民國 36 年）通過城鄉規劃法為促進國土之充分利用。因此，他建議中央應效仿英國主張一完整之都市計畫，不只街道、建築與農工業公共設施之設立等，還需包括最低限度之自給自足。〔註 46〕

由此可知，劉永楙在擔任疏散工程處主任之前，於 1949 年（民國 38 年）執掌土木科長，除了肩負全臺市政建設、上下水道及建築管理等業務之外，同時也提出二戰後英國的新市鎮概念是值得學習並加以活用的，之後更於 1952 年（民國 41 年）赴英進行考察。不過在探討劉永楙考察新市鎮過程之前，我們有必要先了解劉永楙之個人簡歷，包括二戰前的求學過程、專長領域的奠基與應用以及在臺的工作經歷。

〔註 45〕 14 個新市鎮中有 8 個為舒緩倫敦產業與人口的飽和；1 個為蘇格蘭之最大城市與主要港口的格拉斯哥（Glasgow）所需；5 個為提供鋼鐵、煤礦工人住宅需要。參見辛晚教，《都市及區域計劃》，頁 215。

〔註 46〕 劉永楙，〈臺灣需要壹個城鄉計劃〉，《中央日報》，1949 年 11 月 18 日，第 4 版。

第二節　疏散工程處主任：劉永楙

一、求學背景

（一）市政、自來水工程

劉永楙為中國福建省閩侯縣人，[註47] 生於 1910 年（民國前 2 年）5 月，以下為其求學過程中之自述：

> 由小學、中學而大學，十二年間，師友之薰陶，同學之切磋，使余
> 三育並進，俾使可耐苦，智能不亞常人。[註48]

從以上自述中可發現，劉永楙從小學至大學的求學過程中結交許多良師益友、以及自身所培養的學習態度，大學就讀上海交通大學土木工程學院市政工程門，對於市政與自來水工程之專業領域相當熱衷。[註49] 不料在大學一年級時，一場實習課中左手手指不小心被輪鋸鋸斷，前往就醫時卻無法接起來必須切除，此事為大學求學過程中之遺憾，但仍然沒有澆熄他對學術之熱忱，其後於 1934 年（民國 23 年）畢業獲得學士學位。[註50] 此外劉永楙在上海交大讀書時結識了張金鎔、張祖璿等人，不僅日後共同為臺灣的基礎建設、自來水工程盡心竭力，同時也成為彼此工作上的夥伴。[註51]

（二）環境衛生工程

接著，劉永楙在大學畢業之後，原先想進行鐵路方面之相關工作，不過考量整體都市建設不僅只有鐵、公路之規劃，於是打消此念頭而進入中央衛生試驗院。[註52]

中央衛生試驗院所使用之自來水廠、汙水處理場等設施經費多由洛氏基金會支應，同時作為訓練與實驗之用，該基金會除了支援上述設備經費之外，亦重視相關人才之培育。全國經濟委員會衛生實驗處中一名美國衛生工程師

[註47] 〈劉永楙自述影本〉（T1016_03_01_004），《劉永楙文書》（T1016），中研院臺史所檔案館數位典藏。

[註48] 〈劉永楙自述影本〉（T1016_03_01_004），《劉永楙文書》（T1016），中研院臺史所檔案館數位典藏。

[註49] 〈劉永楙自述影本〉（T1016_03_01_004），《劉永楙文書》（T1016），中研院臺史所檔案館數位典藏。

[註50] 呂芳上等訪問、謝采秀等紀錄，《都市計畫前輩人物訪問記錄》，頁 73～74。

[註51] 〈臺灣光復初期自來水政策主導者劉永楙先生〉（T1016_03_01_011），《劉永楙文書》（T1016），中研院臺史所檔案館數位典藏。

[註52] 呂芳上等訪問、謝采秀等紀錄，《都市計畫前輩人物訪問記錄》，頁 73。

戴雅（Mr.Brian R. Dyer）於各大學挑選學生，以培養優秀的衛生工程人才，自1933 年至 1937 年（民國 22 年至 26 年）起，戴雅每年推薦選用該領域才能卓越者，並給予獎學金至美國各大學進修碩士。〔註53〕劉永楙則於 1936 年（民國 25 年）獲選該基金會獎學金資格並前往美國哈佛大學進修一年，隔年取得衛工碩士學位：〔註54〕

> 乃於廿五年夏選余赴美，入哈佛大學深造，此時余一生中可感之事。
> 在美一年，獲益良多，除進一步深造外，後結識無數彼邦朋友，考
> 察其生活，推知其進步之原因，益增愛國及自信之心。〔註55〕

劉永楙運用洛氏獎學金出國進修，在美國一年中的收穫是感到充實的，包括學術研究的薰陶與人際交流的培植等等。1937 年（民國 26 年）取得碩士學位至歐洲進行考察，9 月前往巴黎參觀下水道工程處，內容包括汙水流量管制及如何過濾汙水水管中之沉澱物等；10 月前往德國考察自來水廠之運作情形，內容包括自來水廠之每日出水量以及濾池的運作等。〔註56〕

劉永楙在歐洲考察期間除了實地調查自來水工程、下水道及化糞池之模型與運作外，同時還參觀公共衛生、土木工程及熱帶病瘧疾研究一切試驗室等之設備。〔註57〕透過一年的學術之旅以及歐洲的考察過程，不僅深化了環境衛生工程之概念，同時強化了自身對其領域的信心與毅力且應用至抗戰期間軍中之救援工作。

二、抗戰經歷：環境衛生工程

劉永楙在歐洲考察期間，聽聞八年抗戰爆發，因此於 1937 年（民國 26 年）11 月返回中國，將以上所學應用至軍事救援。〔註58〕1938 年（民國 27 年）

〔註53〕 洛克菲勒基金會（Rockefeller Foundation)：又稱洛氏基金會、羅氏基金會。參見〈我國環境衛生工作創始人戴雅先生〉（T1016_03_01_002），《劉永楙文書》（T1016），中研院臺史所檔案館數位典藏。

〔註54〕 〈臺灣光復初期自來水政策主導者劉永楙先生〉（T1016_03_01_011），《劉永楙文書》（T1016），中研院臺史所檔案館數位典藏。

〔註55〕 〈劉永楙自述影本〉（T1016_03_01_004），《劉永楙文書》（T1016），中研院臺史所檔案館數位典藏。

〔註56〕 〈1937 年 9 月至 1938 年 9 月日記〉（T1016_01_01_001），《劉永楙文書》（T1016），中研院臺史所檔案館數位典藏。

〔註57〕 〈1937 年 9 月至 1938 年 9 月日記〉（T1016_01_01_001），《劉永楙文書》（T1016），中研院臺史所檔案館數位典藏。

〔註58〕 〈臺灣光復初期自來水政策主導者劉永楙先生〉（T1016_03_01_011），《劉永楙文書》（T1016），中研院臺史所檔案館數位典藏。

12月擬定滅蚤計畫表，[註59]隔年年初前往湖南芷江從事滅蚤工作。[註60]
另外在實行以上工作的同時，同年11月步入婚姻與妻子王申望結婚，育有一
子一女，分別為劉可強及劉可樂，參見圖13：

圖13：劉永楙全家福

說明：左起依序為劉永楙、劉可樂、劉可強、王申望。
來源：〈聯合國世界衛生組織駐外工作期間相本〉（T1016_02_04_002），
　　　《劉永楙文書》（T1016），中研院臺史所檔案館數位典藏。

　　其後，1940年（民國29年）起擔任軍政部戰時衛生人員聯合訓練所主任
教官，[註61]抗戰期間從事工作包括訓練官兵、考察軍中醫療環境設施及協助
軍中勤務等，以下為考察後發現軍中環境髒亂不堪、疾病蔓延等情形：

　　　　此一時期，士兵壯丁及病傷兵生活之苦，有不堪之言者，居住擁擠、
　　　　滿身蟲蟲而治療、瘧疾之普遍。余集合同志，給水沐浴之、改善其
　　　　營舍、建造其廁所，遂洗其衣被、撲滅其蟲蚤。[註62]

〔註59〕〈1938年12月至1939年1月日記〉（T1016_01_01_002），《劉永楙文書》
　　　　（T1016），中研院臺史所檔案館數位典藏。
〔註60〕〈1945年日記〉（T1016_01_01_008），《劉永楙文書》（T1016），中研院臺史所
　　　　檔案館數位典藏。
〔註61〕〈國民政府軍事委員會軍政部人員派令等文件〉（T1016_02_02_001），《劉永楙
　　　　文書》（T1016），中研院臺史所檔案館數位典藏。
〔註62〕〈劉永楙自述影本〉（T1016_03_01_004），《劉永楙文書》（T1016），中研院臺
　　　　史所檔案館數位典藏。

劉永楙親眼見證軍中衛生環境惡劣之情形後，對於遭受戰亂苦難的同胞是感同身受的，認為自己身為一名環境工程師必須有義務與責任來解決此種情形。因此，開始將之前所學之環境衛生概念付諸實行，以下為王申望女士對於抗戰期間之生活回顧：

> 抗戰期間的生活是艱辛的；然而，我們都年青，都健康，我們活力充沛、我們的信心堅定，許多志同道合的朋友在一起，共同合作無間，讓我們有個美好而值得驕傲的回憶。〔註63〕

從妻子申望的回顧之中得知上述衛生設施工作的進行與實施固然辛苦，不過在整體團隊的努力與毅力下更讓此回憶顯得充實與美好。劉永楙推展砂濾、淺坑簡易廁所及滅蚤除臭等主要衛生設施的興建，除了成功提升軍中戰力情形、改善軍中環境、防止瘧疾蔓延外，日後更將此成功經驗套用至中國西北、東南地區。〔註64〕自1938年至1945年（民國27年至34年），在這七年期間從劉永楙衛生設施之成功經驗與推行，更可見其對於衛生工程領域之熟稔與精通。劉永楙在求學時期積極上進且對於市政、自來水與環境衛生工程等三大領域已有初步基礎，畢業後再以自來水與環境衛生兩項專長領域的奠基作為出發點，不僅學習相關範疇之實際工作，更前往歐洲考察其相關概念並應用至中日八年抗戰時期，對於當時軍中環境的提升與改善實屬不可或缺。不過隨著八年抗戰結束，劉永楙於1945年（民國34年）前往臺灣，日後又該如何運用以上技術專長，參與戰後臺灣公共建設復原之規劃與興建？

三、二戰結束來臺

1945年（民國34年）8月15日，日本宣告無條件投降，二戰結束。已有自來水、環境衛生等專長領域的劉永楙應當時臺灣省公共工程局局長費驊之邀，前往臺灣從事戰後重建工作，〔註65〕參見下頁圖14。

同年11月21日劉永楙奉命來臺安頓住宿及工作事宜，隔天22日正式開工，正式開啟戰後來臺的建設之旅：

> 七時半乘C-4運輸機，於十時半抵臺北。乘車至行政長官公署，先

〔註63〕〈五十年回顧〉（T1016_03_01_010），《劉永楙文書》（T1016），中研院臺史所檔案館數位典藏。

〔註64〕〈臺灣光復初期自來水政策主導者劉永楙先生〉（T1016_03_01_011），《劉永楙文書》（T1016），中研院臺史所檔案館數位典藏。

〔註65〕呂芳上等訪問、謝采秀等紀錄，《都市計畫前輩人物訪問記錄》，頁74。

隨工礦處至樺山國民小學內卸下行李，下午訪公共工程局，費驊原講接收工礦局土木科之情形，余定明日開始理監都市計劃及統籌事宜。〔註66〕

圖14：劉永楙（左一）與前公共工程局長費驊（左二）、
張仁滔（右二）、顧儉德（右一）

來源：呂芳上等訪問、謝采秀等紀錄，《都市計畫前輩人物訪問記錄》，頁78。

臺灣的公共工程局有兩個分別隸屬於工礦處及省府建設廳，〔註67〕前者單位為劉永楙來臺後之首份工作職位；後者單位則由省府建設廳土木科、工程總隊與其他機構合併改組而成，〔註68〕劉永楙來臺後，首先代理行政長官公署工礦處公共工程局市政組主任工程司。〔註69〕

之後在費驊任職局長期間，劉永楙擔任公共工程局副局長兼都市計畫組

〔註66〕〈三十四年底甫抵臺灣日記〉（T1016_01_02_001），《劉永楙文書》（T1016），中研院臺史所檔案館數位典藏。

〔註67〕〈臺灣光復初期自來水政策主導者劉永楙先生〉（T1016_03_01_011），《劉永楙文書》（T1016），中研院臺史所檔案館數位典藏。

〔註68〕呂芳上等訪問、謝采秀等紀錄，《都市計畫前輩人物訪問記錄》，頁74。

〔註69〕「工礦處公共工程局人員費驊等30員派任案」（1946年4月4日），〈工礦處人員任免〉，《臺灣省行政長官公署》，國史館臺灣文獻館，典藏號：00303234201018。

長，該組掌管諸如公路、土木、都市計畫、下水道及自來水之工程業務。1949年（民國38年）國共內戰失利，中華民國政府撤退來臺。同年省政府進行改組，將公共工程局撤銷，並將原所屬業務劃分至公路局、水利局與土木科，劉永楙則擔任土木科長，除了掌管市政建設、上下水道及建築管理等業務之外，〔註70〕也參與了震災後的復原工作如：1951年（民國40年）花蓮發生地震，前往災區並依照市區重建圖進行設計與復原等。〔註71〕

　　不過土木科在體制上屬行政單位，一方面須處理行政事務，另一方面還須執行工程業務。因此劉永楙建議兩工作內容須作區隔，其後為了將工作內容作區分，於1952年（民國41年）1月1日成立建設廳工程總隊，負責處理美援、示範及試驗、交通及委託代辦工程四大類，劉永楙則以土木科科長身分兼任工程總隊隊長，參見下頁圖15。〔註72〕同年7月再以建設廳土木科科長身分遠赴英美各國考察自來水及公共建設工程，並將其經驗套用至鄉鎮自來水工程，〔註73〕此舉對於臺灣戰後之復原與建設至關重要。除了赴外考察之外，任職期間推動區域給水工程、整頓土木科及工程總隊等工作。〔註74〕之後於1953年（民國42年）11月受邀第八屆太平洋學會，並在該會提名為鄉村環境衛生專題討論委員，〔註75〕由此可見劉永楙於該領域之專業性是受到國際認證的。

　　以上為劉永楙擔任公共工程局都市計畫組長至建設廳土木科長之過程，根據妻子申望描述當時之情況：「抗日戰爭勝利，接受政府的徵召，首批來到臺灣，從事復健工作，對於全省自來水工作，付出全部精力。」〔註76〕劉永楙一方面致力於市政及自來水工程，另一方面深覺先前在哈佛所學之課業已漸

〔註70〕　〈臺灣光復初期自來水政策主導者劉永楙先生〉（T1016_03_01_011），《劉永楙文書》（T1016），中研院臺史所檔案館數位典藏。

〔註71〕　〈花蓮災民賑款已發卅餘萬元〉，《聯合報》，1951年11月5日，第3版。

〔註72〕　〈建廳工程總隊今日正式成立〉，《聯合報》，1953年9月16日，第3版；〈臺灣光復初期自來水政策主導者劉永楙先生〉（T1016_03_01_011），《劉永楙文書》（T1016），中研院臺史所檔案館數位典藏。

〔註73〕　〈自來水要來建廳成立督導小組協助各地管理工作〉，《聯合報》，1953年3月27日，第3版。

〔註74〕　〈1954年日記〉（T1016_01_02_002），《劉永楙文書》（T1016），中研院臺史所檔案館數位典藏。

〔註75〕　〈劉永楙赴菲〉，《聯合報》，1953年11月14日，第3版。

〔註76〕　〈五十年回顧〉（T1016_03_01_010），《劉永楙文書》（T1016），中研院臺史所檔案館數位典藏。

荒廢，因此積極溫習所學之領域，〔註77〕之後也將其發揮至臺灣公共建設之工程。

圖15：劉永楙（右四）、張金鎔（右二）與工程總隊人員合影

來源：呂芳上等訪問、謝采秀等紀錄，《都市計畫前輩人物訪問記錄》，頁75。

四、省府建設廳副廳長

1954年（民國43年）1月20日，劉永楙在日記中將去年所發生之事記述下來，其中在工作方面包括推動區域給水、調整土木科人事、應聘為聯合國衛生技術委員會會員及參加太平洋學會等。〔註78〕同年6月嚴家淦擔任省主席，劉永楙由土木科科長升任建設廳副廳長，參見下頁圖16。

在其任內參與北投自來水擴建工程的開工典禮、〔註79〕協助推動石門水庫以及前往嘉南地區視察農業輪灌之實驗推進情形，〔註80〕積極執行民生用水與農業建設、協助廳長處理建設廳之工作。在擔任建設廳副廳長期間，對於

〔註77〕〈劉永楙自述影本〉（T1016_03_01_004），《劉永楙文書》（T1016），中研院臺史所檔案館數位典藏。

〔註78〕〈1954年日記〉（T1016_01_02_002），《劉永楙文書》（T1016），中研院臺史所檔案館數位典藏。

〔註79〕〈業已正式開工〉，《聯合報》，1954年6月22日，第4版。

〔註80〕〈赴嘉南考察實驗區輪灌〉，《聯合報》，1955年1月28日，第3版。

臺灣公共建設之興建是至關重要的。隔年 6 月 7 日為其擔任該職位屆滿一周年，從日記中所提及之內容：「任建設廳副廳長之職滿壹年矣，一年之中自己已盡最大努力協助廳長處理建設廳之工作。」〔註 81〕更可看出其負責任之工作態度。

圖 16：臺灣省政府建設廳副廳長任命文件

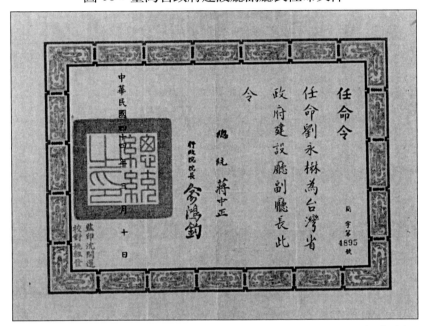

來源：〈臺灣省政府建設廳副廳長任命文件〉（T1016_02_02_002），《劉永楙
文書》（T1016），中研院臺史所檔案館數位典藏。

五、兼任疏散工程處主任

　　1955 年（民國 44 年）9 月 19 日，疏散房屋工程處成立，劉永楙以建設廳副廳長兼任該處處長，〔註 82〕任職期間不僅與省府高層參與省府疏散計畫、地址的決策，同時也討論疏遷地點的社區布置、房屋設計。〔註 83〕

〔註 81〕〈1956 年日記〉（T1016_01_02_003），《劉永楙文書》（T1016），中研院臺史所檔案館數位典藏。
〔註 82〕「疏散房屋工程處呈報成立日期及辦公地點送核案」（1955 年 9 月 21 日），〈其他（0044/ZG1/11/1）〉，《臺灣省級機關》，國史館臺灣文獻館（原件：國家發展委員會檔案管理局），典藏號：0040810023844007。
〔註 83〕〈1954 年日記〉（T1016_01_02_002），《劉永楙文書》（T1016），中研院臺史所檔案館數位典藏；〈1956 年日記〉（T1016_01_02_003），《劉永楙文書》（T1016），中研院臺史所檔案館數位典藏。

圖 17：劉永楙於 1956 年（民國 45 年）4 月 11 日攝於賴厝區進水口

來源：呂芳上等訪問、謝采秀等紀錄，《都市計畫前輩人物訪問記錄》，頁 75。

　　根據日記內容所示，劉永楙擔任建設廳副廳長及疏散工程處主任期間，由於疏散計畫等工作漸上軌道頗為順利，因此之後於 1956 年（民國 45 年）8 月 11 日向嚴家淦主席簽呈辭去疏散工程處主任一職：

> 近三年以來工作發展頗急劇，八月十一日上簽呈主席請求辭去疏散
> 房屋工程處一職，聯合國世界衛生組織有函來邀余往 Pakistan 任公
> 共工程與顧問之職，乃向廳長陳述，請其早物色接替人選。〔註84〕

　　隔年 1 月受聯合國聘請至世界衛生組織工作，先後遠赴巴基斯坦、土耳其及非洲迦納等國家從事建設自來水系統，〔註85〕原疏散工程處主任則由張金鎔接任。下表 9 為劉永楙在臺灣的工作經歷：

〔註84〕〈1956 年日記〉（T1016_01_02_003），《劉永楙文書》（T1016），中研院臺史所
　　　　檔案館數位典藏。
〔註85〕〈五十年回顧〉（T1016_03_01_010），《劉永楙文書》（T1016），中研院臺史所
　　　　檔案館數位典藏。

表 9：劉永楙來臺的工作經歷表

1945 年（民國 34 年）	公共工程局市政組主任工程司
1946 年（民國 35 年）	公共工程局副局長兼都市計畫組長
1949 年（民國 38 年）	土木科科長
1952 年（民國 41 年）	土木科科長兼任工程總隊隊長
1954 年（民國 43 年）	升任建設廳副廳長
1955 年（民國 44 年）	建設廳副廳長兼任疏散房屋工程處主任

來源：劉永楙文書，http://tais.ith.sinica.edu.tw/sinicafrsFront/browsingLevel1.jsp?xmlId
　　　=0000362818#，中研院臺灣史研究所檔案館，瀏覽日期：2021 年 7 月 26 日。

　　劉永楙來臺工作停留的時間點為 1945～1956 年（民國 34～45 年），在臺期間參與了自來水、公共建設工程等重要事務，[註86] 不僅對於戰後臺灣之復原與基礎建設發揮其所長，同時也留意到二戰後的英國為重建家園提出具體方案、行動措施等。為此，劉永楙認為臺灣應向英國效仿，其後於 1952 年（民國 41 年）擔任土木科科長期間更考取聯合國獎助學金、遠赴國外考察新市鎮概念。返臺後，正值戰後臺灣都市問題的衍生及省府疏遷計畫之執行，因此下一節將聚焦於 1952 年（民國 41 年），劉永楙遠赴英國考察新市鎮概念之過程，又如何將其所學帶回臺灣，並應用至省府宿舍群之規畫與興建？

第三節　赴外考察

　　1949 年（民國 38 年）中華民國政府撤退來臺後，臺灣公共建設之技術人才相當缺乏。自 1950 年代起，除了韓戰爆發使美國加強對臺的經濟援助外，臺灣方面也積極向聯合國申請國內外技術考察與交流，例如：國外技術專家來臺勘查國內狀況後開設講習會供現場觀摩、實習與意見交流，抑或是增設獎學金供國內專業人員出國考察等，[註87] 以上方式不僅培育了相關專業領域之人才，同時對於戰後臺灣技術水準的提升大有裨益。

　　因此 1952 年（民國 41 年）7 月，當時擔任土木科科長的劉永楙，在新一波的國際學術環境交流下考取了聯合國獎助學金補助，並前往英國考察區域

[註86]〈五十年回顧〉（T1016_03_01_010），《劉永楙文書》（T1016），中研院臺史所檔案館數位典藏。

[註87] 許峰源，〈國際合作在臺灣：聯合國與臺灣的都市計畫（1960～1971）〉，《檔案半年刊》第 19 卷第 2 期（2020 年 12 月），頁 43～44。

給水經營與管理制度為期五個月。〔註88〕

一、自來水工程

　　首先，劉永楙此次考察之重點為自來水管理與工程，歸納以下七點：第一、發現英美各國對於自來水及公共建設相當重視，並且運用一長期規劃加以興建，反觀臺灣興建公路卻因經費缺少無法長期執行，深覺可惜；第二、興建工程須要訂定標準法規，依法掌握工程進度與品質；第三、自來水廠應模仿英國聯營制度，亦即在一個適當區域範圍內運用聯合經營方式，不應將水權劃分為哪個縣、市或公司所有；第四、建議可參考美國鄉鎮之間的柏油路面工程，先鋪設石子再加鋪柏油，具有經濟價值；第五、一般公共建設工程的興建，劉永楙認為諸如道路、公園、學校、下水道、自來水及環境衛生等公共工程之建設具有連續性，應平均發展，缺一不可；第六、人才培養與訓練，臺灣相關領域人才缺乏，應加強培養；第七、環境衛生方面，應將汙染物進行化驗程序等。〔註89〕以上為劉永楙之赴外考察成果共有七項，收穫甚多。

　　自來水工程方面，劉永楙主張自來水廠之管理需模仿英國分區聯營制度以及講求環境衛生的實用性，此時正值英國二戰後人口迅速增加、鄉村人口大量集中都市，與戰後中華民國政府遷臺所造成之情況極為相似。因此劉永楙考察完畢後，說明英國的自來水事業經營之改革策略頗有成效，建議省府可以參考其作法。除此之外，劉永楙對於臺灣自來水工程之設計與策劃不遺餘力，包括為鄉村進行自來水之復舊工程、〔註90〕自 1953 年（民國 42 年）起參與省府的「區域給水制度試行辦法」之制定、討論與磋商過程、〔註91〕參與石門水庫委員會之設計會議，以及 1974 年（民國 63 年）臺灣省自來水公司成立，以臺灣省為一個管理區域，各縣市鄉鎮之自來水廠統一由該公司經營，〔註92〕關於此點可與上述劉永楙考察重點之第三點相互呼應。

〔註88〕〈臺灣光復初期自來水政策主導者劉永楙先生〉（T1016_03_01_011），《劉永楙文書》（T1016），中研院臺史所檔案館數位典藏。
〔註89〕〈建廳土木科長劉永楙歸來〉，《聯合報》，1953 年 1 月 27 日，第 3 版。
〔註90〕呂芳上等訪問、謝采秀等紀錄，《都市計畫前輩人物訪問記錄》，頁 84。
〔註91〕〈1954 年日記〉（T1016_01_02_002），《劉永楙文書》（T1016），中研院臺史所檔案館數位典藏。
〔註92〕〈臺灣光復初期自來水政策主導者劉永楙先生〉（T1016_03_01_011），《劉永楙文書》（T1016），中研院臺史所檔案館數位典藏。

二、新市鎮概念

其次，劉永楙在赴英期間除了考察自來水工程之外，最重要的莫過於英國的新市鎮概念。如前所述，劉永楙在學習自來水工程期間內，根據收穫成果共可分為七項。其中，第五項之內容為各公共建設工程須平均發展，對於整體城市建設規劃有事半功倍之效果，公共建設之完善性為一新市鎮重要的發展基礎。不過值得注意的是，劉永楙起初考察之重點項目為自來水工程管理，並不是新市鎮。他是至英國考察後才發現，自來水管理與新市鎮二者須共同考量，無法分開規劃。因此，雖然劉永楙一開始專注於自來水工程的開發，不過從以上考察重點與過程內容可說明新市鎮概念同為其見習之重點。以下為劉永楙描述當時考察英國新市鎮之情況：〔註93〕

> 外交部選拔人員到英國考察自來水管理。British Council 安排很多地方的自來水考察，我要求考察新市鎮的自來水的管理，這樣同時體驗到自來水的經營管理，也體驗新市鎮的建設。新市鎮、New Town，Garden city 在世界上非常有名。〔註94〕

> 一九五二年，外交部請我到英國考察修復自來水及如何保養管理。在那同時，我就考察了新的都市。我問他們：「你們蓋新都市，結果怎麼樣？」他們說：「我們新都市有差的地方，也有好的地方。」我考察一下英國的 Garden City 花園城市的經驗，就應用到中興新村來。〔註95〕

不過值得思考的是，文中所提及的「新市鎮、New Town、Garden City」，首先，如以時間點做推斷，正好為英國實行第一代新市鎮之風潮，但仍無法確定劉永楙所考察的為哪一座新市鎮？是什麼時候規劃興建的？其次，如以地理位置來看，劉永楙所考察的新市鎮之位置鄰近倫敦。〔註96〕惟無論是田園城市抑或是第一代新市鎮，兩個時間點所興建的主要新市鎮大部分皆座落於倫敦附近，同樣也無法精準確定是哪一座新市鎮？最後，如以規劃內容來看，19

〔註93〕呂芳上等訪問、謝采秀等紀錄，《都市計畫前輩人物訪問記錄》，頁84～85。

〔註94〕臺灣省文獻委員會，《臺灣省政府中興新村耆老口述歷史座談會紀錄》，頁31。

〔註95〕臺灣省文獻委員會，《臺灣省政府中興新村耆老口述歷史座談會紀錄》，頁27。

〔註96〕中興新村辦公人員（國家發展委員會檔案管理局，臺灣省政資料館專門委員），蔡志雄先生口述，鄒孟廷訪問，2022年11月18日於臺灣省政資料館；臺灣省文獻委員會，《臺灣省政府中興新村耆老口述歷史座談會紀錄》，頁19～20；鍾起岱，《中興新村學：從臺灣省政府到高等研究園區》，頁110。

世紀末田園城市的提出，造就了 20 世紀初鄰里單元、土地分區及雷特朋計畫等概念之產生；而二戰後的英國第一代新市鎮，則將以上諸如鄰里單元之設計、道路或鐵路所帶來的方便性、公共設施與綠地的籌備、土地功能的分區等規畫概念融為一體。換言之，19 世紀末的田園城市及二戰後的第一代新市鎮規劃理念，對於整體社區規畫有某種程度的相似性及重疊性。

因此，劉永楙於 1952 年（民國 41 年）的考察內容中，無論他考察的是 20 世紀初抑或是二戰後所興建的新市鎮，其實皆融合了田園城市、鄰里單元、土地分區、交通建設及公共設施之規劃特色。其後於 1953 年（民國 42 年）考察完畢後返臺，隔年省府為因應中華民國政府遷臺之故，開始執行疏遷計畫也提供了省府新市鎮之規劃巧思，兼任疏散工程處主任的劉永楙則設想以英國的都市計畫，搭配赴外考察受訓之人才去建構一座新市鎮。

三、培育人才

劉永楙至英國考察完畢後，除了汲取自來水工程與新市鎮相關概念外，認為臺灣對於此領域之人才至為缺乏，針對此點亦需特別重視：

> 勝利那一年的十一月十七日，到臺灣修復自來水，發展下水道這些東西。我心裏面一直想要培養下一代的人。所以就爭取很多獎學金，如美援、世界衛生組織、聯合國技術發展計劃。〔註 97〕

劉永楙除了鼓勵自己的妻子申望出國進修之外，〔註 98〕對於臺灣公共建設人才的培育相當重視，然而當時臺灣並無專業的城市規劃師及專責機構，因此在擔任建設廳副廳長期間，培養以上海交通大學土木工程系之畢業班底所組成的省建設廳與公共工程局的技術官僚，出國考察英美自來水工程與新市鎮概念。〔註 99〕於此期間，不僅爭取美援會、〔註 100〕農復會、世界衛生組織與聯合國技術發展計畫之獎學金名額，同時運用自己的人脈透過施耐爾博士（Dr. John Smell）、洛根博士（Dr. John Logan）等取得美國著名大學的獎學金名額，因此自 1945 年至 1957 年（民國 34 至 46 年）期間共計 23 人，分別前

〔註 97〕臺灣省文獻委員會，《臺灣省政府中興新村者老口述歷史座談會紀錄》，頁 27。
〔註 98〕〈1954 年日記〉（T1016_01_02_002），《劉永楙文書》（T1016），中研院臺史所檔案館數位典藏。
〔註 99〕埃伯尼澤・霍華德（Ebenezer Howard）著；吳鄭重譯，《百年眾望經典・明日田園城市》，頁 44。
〔註 100〕全名為「行政院美援運用委員會」於 1937 年（民國 26 年）6 月 4 日於中國南京成立。參見趙既昌，《美援的運用》（臺北市：聯經出版，1985 年），頁 269。

往美國、日本等國進修研習包括張祖璿、陳敏卿等人。〔註101〕曾經擔任過建設廳廳長的陳敏卿，當時前往美國受訓自來水建設及汙水管理，關於當時出國研習之情況，以下為陳敏卿之描述：

> 楙公對將來的建設有遠大的計劃，將土木科、工程總隊的人員送到美國受訓，我也是其中的人員之一，我四十六年在臺北補習英文，四十七年到美國受訓一年。〔註102〕

　　除了以上張祖璿、陳敏卿等 23 人為劉永楙任內選拔，前往國外考察之人才之外，其他規劃人才也搭上了二戰後外國技術交流的學術風氣，前往國外修習自己各自之專長領域，例如：擔任建設廳技正的倪世槐，負責都市計畫藍圖包括道路設計、土地分區等皆採用英國新市鎮之構想；〔註103〕工程總隊總工程師范純一，所領導規劃的自來水及分流式下水道。張金鎔則運用美援，前往英國考察當地新市鎮之住宅安排與道路，不僅與劉永楙為大學同期畢業的同學，之後二人更共同為臺灣自來水工程效力，對於日後省府新市鎮的規畫包括自來水管線、人行道設計等工程，欲將中興新村打造為一英式社區規劃模式，在劉永楙離開臺灣前往世界衛生組織工作後，張金鎔接任建設廳副廳長及疏散工程處主任之職務，〔註104〕但兩人對於該宿舍群自擘劃、設計、施工等過程無役不與。下表 10 為 1957 年（民國 46 年）建設廳暨工程總隊人員之一覽表：

表 10：1957 年（民國 46 年）建設廳暨工程總隊人員

職　稱	姓　名	到職日
省府委員兼建設廳長	朱江淮	1957 年（民國 46 年）8 月
建設廳副廳長	周春傳	1957 年（民國 46 年）8 月
建設廳簡任技正土木科長	方開啟	1957 年（民國 46 年）8 月
建設廳技正暫代建築組組長	陳金木	1949 年（民國 38 年）11 月

〔註101〕如張祖璿、陳敏卿、吳符生、鄭拱光、王榮舫、周祖忽、胡兆瑄、施玉金、謝榮向、張遺訓、郭鎮先。參見呂芳上等訪問、謝采秀等紀錄，《都市計畫前輩人物訪問記錄》，頁82；〈臺灣光復初期自來水政策主導者劉永楙先生〉（T1016_03_01_011），《劉永楙文書》（T1016），中研院臺史所檔案館數位典藏。

〔註102〕臺灣省文獻委員會，《臺灣省政府中興新村耆老口述歷史座談會紀錄》，頁25。

〔註103〕臺灣省文獻委員會，《臺灣省政府中興新村耆老口述歷史座談會紀錄》，頁39。

〔註104〕〈臺灣光復初期自來水政策主導者劉永楙先生〉（T1016_03_01_011），《劉永楙文書》（T1016），中研院臺史所檔案館數位典藏。

建設廳都市計畫組組長	高啟明	1956 年（民國 45 年）1 月
建設廳簡任技正兼給水組組長	張祖璿	1957 年（民國 46 年）1 月
建設廳簡任技正	范純一	1956 年（民國 45 年）1 月
建設廳簡任技正	張金鎔	1957 年（民國 46 年）8 月
建設廳技正	倪世槐	1949 年（民國 38 年）11 月
建設廳技正	邱克修	1956 年（民國 45 年）1 月
建設廳技佐	陳嘉佑	1949 年（民國 38 年）10 月
工程總隊總隊長	張金鎔	1954 年（民國 43 年）6 月
工程總隊副總隊長	邱克修	1952 年（民國 41 年）10 月
工程總隊副總隊長	張祖璿	1954 年（民國 43 年）6 月
工程總隊總工程師	范純一	1954 年（民國 43 年）6 月

來源：鍾起岱，《中興新村學：從臺灣省政府到高等研究園區》，頁 109～110。

　　承上表 10，以粗體字顯示的為二戰後赴外考察之人員。值得注意的是，時任建設廳廳長朱江淮，於 1952 年（民國 41 年）美援期間赴美考察電氣事業，〔註105〕其後於 1957 年（民國 46 年）接任建設廳廳長。此外，朱江淮與副廳長周春傳於日治時期，曾前往日本進行學術與技術之交流，前者考察電力專業領域，後者則至日東電機製造所擔任課長，〔註106〕兩人皆為臺灣本土培植的人才。上述精英不僅運用各自的專長領域，將省府宿舍群中興新村打造為當代最現代化之社區，同時也代表著二戰後的臺灣為當時全球學術、技術交流中的一員。整體而言，建設廳工程總隊人員，無論是運用美援、聯合國獎學金名額之援助，還是自行前往國外交流，學成歸國後，所帶來的技術水準之提升與經濟計畫之執行，皆佔有舉足輕重的角色。

　　綜上所述，1945 年（民國 34 年）二戰結束後劉永楙奉命來臺，所擔任之工作職位自都市計畫組組長乃至建設廳副廳長，期間對於戰後臺灣重建工作無役不與。以下為其擔任建設廳土木科科長之自述：

> 五年半來，借重救濟中國農村復興聯合委員會之公，合作修築城鄉、
> 重建自來水，當日各新市鎮滿目瘡痍，與今日之普遍繁榮不可同日

〔註105〕〈美援選送赴美實習第二批錄取名單昨發表〉，《聯合報》，1952 年 9 月 13 日，第 1 版。

〔註106〕朱江淮口述、朱瑞墉整理，《朱江淮回憶錄》（臺北：朱江淮基金會出版，2003 年），頁 106、356。

語，對此五年半之寶貴光陰，自審可告無愧。〔註107〕

　　劉永楙在八年抗戰期間累積公共建設、環境衛生之工作經驗，二戰後受費驊之邀前往臺灣，除了致力於戰後重建工作包括自來水推行與新市鎮等工程外，從自述中可發現劉永楙在臺之工作態度盡心盡力。

　　劉永楙擔任土木科科長時，不僅爭取聯合國獎助學金前往英國考察自來水、新市鎮概念，對於日後省府宿舍群之規劃提供一參考藍圖，同時重視人才培育之實施。二戰結束後，大量人口移入導致臺灣城市問題的產生，與工業革命後英國的城市情況頗為相似，此時劉永楙已提出了城市規劃之初步構想。之後以土木科科長身分赴英考察，帶回了融合田園城市、鄰里單元、土地分區及第一代新市鎮之概念。另外加上 1950 年代美援期間，對於人才培育與技術研究相當重視，因此積極爭取美援會、世界衛生組織等獎學金用以培育相關領域之人才，雖然劉永楙之後於 1957 年（民國 46 年）離臺，但所培養的優秀菁英更將其規劃與構想付諸實行，對於接下來光復新村、中興新村兩宿舍群之規劃功不可沒。

〔註107〕〈劉永楙自述影本〉（T1016_03_01_004），《劉永楙文書》（T1016），中研院臺史所檔案館數位典藏。

第四章　國家規劃體系下的新市鎮

　　劉永楙，不僅擔任省府建設廳疏散工程處主任且執行疏遷中部計畫，同時於 1952 年（民國 41 年）前往英國考察自來水工程，過程中發現自來水工程與新市鎮之規劃兩者需綜合考慮，在此機緣巧合之下汲取了英國田園城市、第一代新市鎮等概念帶回臺灣。在臺灣方面，臺灣省政府自 1950 年代初期至 1970 年代開始進行疏遷計畫，並於中臺灣興建光復新村、中興新村、長安新村、審計新村與黎明新村等宿舍群，參見圖 18：

圖 18：臺灣省政府五大宿舍群之相對位置圖

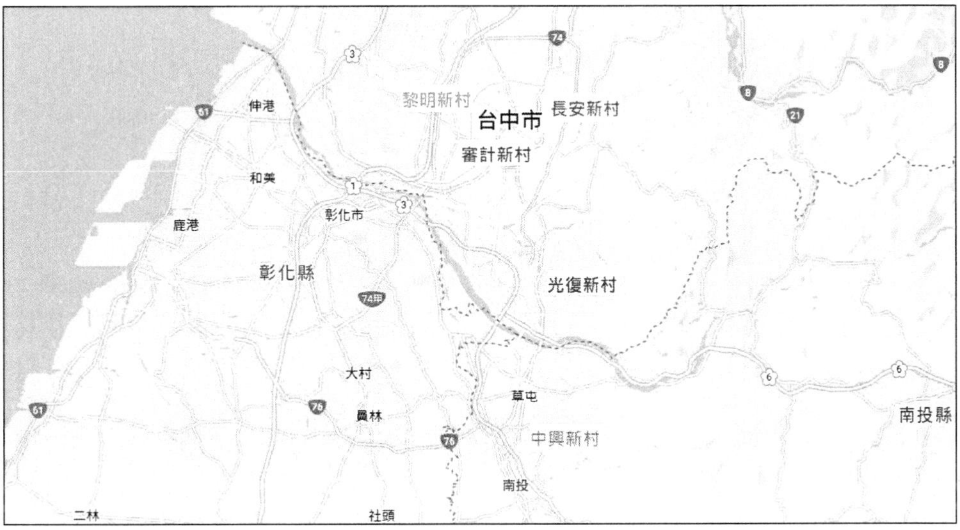

說明：光復新村位於臺中市霧峰區；長安新村、審計新村與黎明新村皆位於臺中市區；
　　　中興新村位於南投縣南投市。
來源：Google 地圖 1/500000，瀏覽日期：2022 年 6 月 17 日。

　　因此本章以臺灣省政府五大宿舍群之發展與規劃作為主軸，探討各宿舍群之形成背景且呈現英國新市鎮概念之興建特色，並依照各宿舍群之興建時間先後分為三個部分：首先為 1950 年代的光復新村、中興新村；其次為 1960 年代的長安新村、審計新村；最後為 1970 年代的黎明新村。

第一節　1950 年代：光復新村、中興新村

一、光復新村

（一）地理位置

　　光復新村位於今臺中市霧峰區坑口里，參見圖 19，直至戰後省府在此興建員工宿舍，與該里其他聚落所呈現的農村景觀較不一致。〔註1〕範圍約為新生路起點至九二一地震園區一帶，對外交通主要依賴省道臺 3 線進行聯絡。

圖 19：光復新村二萬五千分之一經建版地形圖（第一版）1：20000

來源：臺灣百年歷史地圖，http://gissrv4.sinica.edu.tw/gis/twhgis.aspx#，中央研究院地理資訊科學研究專題中心，檢索日期：2021 年 12 月 6 日。

〔註 1〕施添福總編纂、陳國川、翁國盈編纂、張國鋒等撰述，《臺灣地名辭書，卷十二，臺中縣（二）》（南投：臺灣省文獻委員會，2006 年），頁 86～87。

（二）形成背景

　　光復新村之開發歷程最早可追溯至日治時期，1920 年代日本農業面臨本土農作物滯銷與 1930 年代臺灣農業發生耕地不足、人口日增，農家生活日益困窘等問題，﹝註2﹞日本國內開始興建農業模範聚落，用小農合作的方式解決，並將此成功經驗套用至臺灣。日本當局為了讓此農業聚落的拓展更顯成效，與林獻堂共同合作實施農事實行組合，於今光復新村市場之後方成立一農業模範聚落，並於 1933 年 11 月 7 日舉辦開幕式且由林獻堂命名為「坑口農事自治村」，﹝註3﹞所遺留下來的日式建築之後改建成戰後初期光復新村的餐廳、廚房、廁所及兩棟宿舍。﹝註4﹞

　　直至戰後中華民國政府遷臺，1955 年（民國 44 年）省府疏遷中部計畫經核定後開始執行，霧峰地區所興建的辦公廳與宿舍為「第一疏散（遷）區」，其中坑口範圍為職員宿舍，為現今光復新村之所在地。﹝註5﹞

（三）興建過程

　　如第二章所述，省府原是將疏遷重心設置於光復新村，但為避免與故宮距離太過接近，加上當地土地爭議問題仍待解決，最後則選擇中興新村做規劃；霧峰、坑口等地作為一小型的實驗場，並於 1955 年（民國 44 年）11 月開始動工。至於為何劉永楙要先規劃一實驗社區來作為參考之用？除了與當時霧峰工程已開工之外，同時受劉永楙在哈佛衛生工程碩士所學有關，也受英國新市鎮的失敗經驗所影響，以下為劉永楙描述當時之情況：

> 他們一下子開發的區域很大，完成後老人卻不肯去，反而年輕人來得多，需要為年輕人規劃解決工作問題，因此我們參考英國新市鎮，必須小心採用他們的教訓。﹝註6﹞

﹝註2﹞　李毓嵐，〈林獻堂的愛佃設施——坑口農事自治村〉，收於李力庸、張素玢、陳鴻圖、林蘭芳主編，《新眼光——臺灣史研究面面觀》（新北：稻鄉出版社，2013 年），頁 429。

﹝註3﹞　四時半同猶龍、萬生、炳文往坑口，擇定建築佃人及會所之地基，將作一農業改良之模範。萬生請余命名，余命之曰「農事自治村。」參見自林獻堂著，許雪姬等註解，《灌園先生日記（六）一九三三年》（臺北：中央研究院臺灣史研究所籌備處、近代史研究所，2000 年），頁 339、428。

﹝註4﹞　林芊合，〈霧峰地區現代生活實踐——以光復新村為例〉，頁 64。

﹝註5﹞　本報訊，〈省府疏散中部業已開始行動第一期疏遷單位決定〉，《中央日報》，1956 年 7 月 6 日，第三版；鄭瑞明等，《新修霧峰鄉志》，頁 377～378。

﹝註6﹞　呂芳上等訪問、謝采秀等紀錄，《都市計畫前輩人物訪問記錄》，頁 84。

　　劉永楙於 1952 年（民國 41 年）赴英考察新市鎮的過程中發現當局原擬將老人搬遷至新市鎮，不料興建完畢後老人搬遷意願低，反而年輕人前往該新市鎮居住，因此身為技術人員的劉永楙認為無論興建任一工程都須先進行規劃、試驗兩個步驟，之後再正式發展才可確保整體工程之完善。

　　其後 1956 年（民國 45 年）1 月為配合工程進行，將原位於臺中市區的疏散房屋工程處遷移至霧峰區中正路 157 號辦公，開始著手辦公廳舍之規劃。〔註 7〕根據疏散工程總報告資料顯示，光復新村首期興建宿舍約 82 戶，有 52 戶分配至教育廳、26 戶調配至衛生處，以及剩下的 4 戶則分配至秘書處，計畫容納人口為 600 人，參見圖 20：

圖 20：光復新村第一批宿舍工程分佈圖

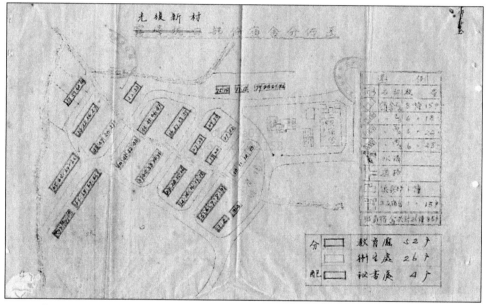

來源：「遵令已將光復新村新建宿舍二戶分配竣事」（1956 年 12 月 22 日），〈坑口宿舍工程（0045ZG11222）〉，《臺灣省級機關》，國史館臺灣文獻館（原件：國家發展委員會檔案管理局），典藏號：0040171023965028。

　　1956 年（民國 45 年）1 月 14 日，劉永楙與倪世槐討論辦公廳舍之設計與佈置，18 日進行宿舍型式之設計圖會議，〔註 8〕3 月起開始興建並以磚造平房之建築為主，運用一整年的時間進行宿舍內部的屋架樑柱、自來水、配水

〔註 7〕建設廳疏散房屋工程處，《疏散工程處總報告》，頁 13。
〔註 8〕〈1956 年日記〉（T1016_01_02_003），《劉永楙文書》（T1016），中研院臺史所檔案館數位典藏。

池、水泥牆、浴室隔牆與廚房櫥櫃之興建與更換。其後，因省府重心仍然以中興新村為主，雖然 1960 年代末祕書處及衛生處陸續遷至中興新村，但員工的居住地點並沒有改變，仍居住於光復新村。〔註9〕因此為解決眷屬宿舍空間不足之情況，〔註10〕至 1970 年代省府又再陸續擴建第二、三、四期眷舍工程等共計 264 戶，〔註11〕還包括了道路、自來水廠、市場及學校等公共設施的設立，參見圖 21：

圖 21：1972 年（民國 61 年）臺灣省政府光復新村全圖

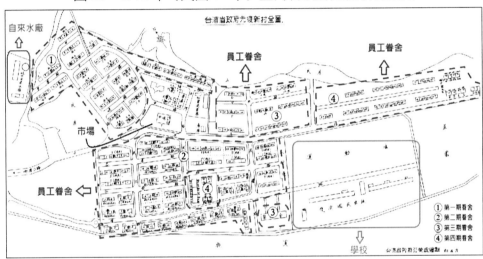

來源：繪製自林芊合，〈霧峰地區現代生活實踐——以光復新村為例〉，頁 73；邱紫菱，〈臺中市霧峰區區域的空間歷史變遷〉，頁 114。

1. 道路

　　光復新村之道路興建為配合房屋工程進行分兩期，參見圖 22，分別於 1956 年（民國 45 年）8 月 31 日與 1957 年（民國 46 年）6 月 30 日完工，〔註12〕對於各線道路層級可依照功能區分為主要、次級與社區道路，三個層級之道路寬度皆不盡相同，建立該社區居民之通勤性與方便性，參見附錄 4。

〔註 9〕　〈一、黃豆疑案；二、警務處派別林……〉，（1969 年 5 月 19 日）：〈臺灣省議會史料總庫・公報〉典藏號：003-04-03OA-21-6-8-00-01848。

〔註 10〕　〈關於臺灣省政府後疏遷的問題：一……〉，（1956 年 12 月 17 日）：〈臺灣省議會史料總庫・議事錄〉典藏號：002-02-06OA-00-6-8-0-00360。

〔註 11〕　「召開研商臺灣省經營光復新村長安新村審計新村及黎明辦公區宿舍移撥問題會議紀錄一份。」（2002 年 10 月 2 日），《內政部》，機關檔案目錄網（原件：內政部），典藏號：0092/F050403/0001/0003/026。

〔註 12〕　建設廳疏散房屋工程處，《疏散工程處總報告》，頁 32。

圖 22：光復新村道路工程範圍

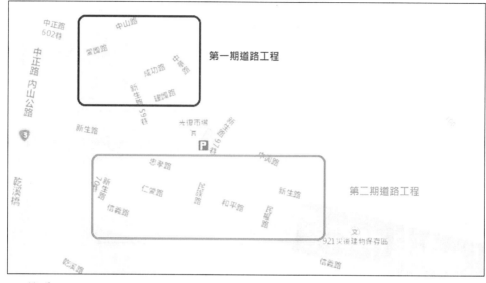

說明：
（1）第一期道路工程：愛國路、成功路、建國路、中華路、中山路。
（2）第二期道路工程：東西向分別為忠孝路、仁愛路、和平路、信義路、中正路（今新生路）；南北向分別為民生路、民族路、民權路。
來源：繪製自臺中市文化資產 GIS 管理及查詢系統 1/5000，https://culgis.taichung.gov.tw/taicul/index.html#，繪製日期：2021 年 1 月 20 日。

圖 23：光復新村內的民族路

來源：筆者拍攝，拍攝日期：2022 年 10 月 14 日。

2. 用水：自來水、雨水、汙水下水道

自來水部分，1957 年（民國 46 年）7 月疏散工程處於光復新村之西北方興建自來水廠。同年 9 月，對於該宿舍群之雨水排水工程進行規劃與測量，〔註13〕隔年年底竣工。〔註14〕汙水下水道工程於 1957 年（民國 46 年）3 月完工，劉永楙首先於光復新村做一小型汙水下水道，其次則是將家庭廢水、穢物進行試驗分析。〔註15〕整體工程目的為汙水與雨水分流式處理，汙水下水道措置家庭汙水與廢水；雨水下水道則用以排放雨水，每戶家庭皆有汙水排水孔之設計。〔註16〕該宿舍群擁有當時全臺灣第一座汙水與自來水分流之供水系統，日後更將此經驗套用至中興新村。

3. 市場與學校

1957 年（民國 46 年）4 月省府決議於光復新村之圓環旁增建市場一處，於隔年 9 月完工並驗收。〔註17〕市場落成後，商店攤位紛紛進駐成為居民購買生活用品的集散地，同時此市場所販賣的小吃不僅遠近馳名，同時也為省府教育廳、衛生處的同仁和眷屬服務與當地居民有著深厚的感情。〔註18〕

最後為解決子女就學問題，省府在疏遷員工陸續進駐光復新村後增設復興國小與光復國中，復興國民學校於 1956 年（民國 45 年）9 月起創校、招生，陸續增建校門口、教室、操場、電氣與給水設備等工程。〔註19〕1970 年（民

〔註13〕「函飭測量設計坑口宿舍雨水排水工程一案」（1957 年 9 月 4 日），〈雨水管網工程（0046/ZG114/6/1）〉，《臺灣省級機關》，國史館臺灣文獻館（原件：國家發展委員會檔案管理局），典藏號：0044420024089023。

〔註14〕「據送坑口排水溝工程竣工報告」（1958 年 12 月 11 日），〈坑口光復新村雨水排水工程（0047/ZG112/13/1）〉，《臺灣省級機關》，國史館臺灣文獻館（原件：國家發展委員會檔案管理局），典藏號：0044360024273017。

〔註15〕臺灣省文獻委員會，《臺灣省政府中興新村耆老口述歷史座談會紀錄》，頁 32。

〔註16〕建設廳疏散房屋工程處，《疏散工程處總報告》，頁 90；國家文化記憶庫，https://memory.culture.tw/Home/Detail?Id=150345&IndexCode=Culture_Place，檢索日期：2022 年 6 月 12 日。

〔註17〕「王義昌、蔡甘清前經辦之營盤口與坑口市場工程驗收」（1957 年 9 月 24 日），〈市場工程（0046/ZG112/14/1）〉，《臺灣省級機關》，國史館臺灣文獻館（原件：國家發展委員會檔案管理局），典藏號：0044410024078054。

〔註18〕〈霧峰‧老李‧餛飩麵〉，《聯合報》，1977 年 4 月 26 日，第二版。

〔註19〕「復興國校電氣、給水設備工程依照合約規定業於 47 年 11 月 22 日正式開工」（1958 年 12 月 16 日），〈各校電氣給水衛生工程（0047/ZG112/17/1）〉，《臺灣省級機關》，國史館臺灣文獻館（原件：國家發展委員會檔案管理局），典藏號：0044420024277028；「復興國校校門及操場整理追加工程」（1958 年 12 月

國59年）教育廳計畫在中部選定國民中小學各一所，試辦國民中小學九年一貫制，〔註20〕隔年指定臺中縣光復國中及復興國小合併，〔註21〕並將名稱改成「光復國民中小學」，成為九年國民義務教育的實驗學校，試辦期間對於體制、教學、教材、教法等方面實驗奠立了良好的基礎。

圖24：光復新村圓環，圓環左側為市場

來源：筆者拍攝，拍攝日期：2022 年 10 月 14 日。

　　光復新村自 1955 年（民國 44 年）開始籌備，直至 1970 年代更為此省府眷舍發展之極盛期，在劉永楙疏散工程處團隊的努力下，該宿舍群除了擁有全臺第一座雨水、汙水分流的下水道系統之外，還涵蓋諸如道路層級分類、市場與學校等公共設施之興建。光復新村不僅被視為二戰後臺灣參考英國新市鎮概念之第一個省府宿舍群，日後更作為中興新村規劃之參考。

---

　　　　29 日），〈改進坑口光復村環境及設置派出所（0047/ZG2/103/1）〉，《臺灣省級機關》，國史館臺灣文獻館（原件：國家發展委員會檔案管理局），典藏號：0040171024207007。

〔註20〕〈國民中小學九年一貫制教廳擬在中部選定兩校試辦〉，《中央日報》，1970 年10 月 15 日，第 8 版。

〔註21〕本報訊，〈教廳昨開會研討國教九年一貫制〉，《中央日報》，1972 年 2 月 11 日，第 4 版。

二、中興新村

（一）地理位置

中興新村，位於南投市北側與草屯鎮銜接處的虎山山麓之聚落，〔註22〕參見圖25：

圖25：中興新村二萬五千分之一經建版地形圖（第三版）1：20000

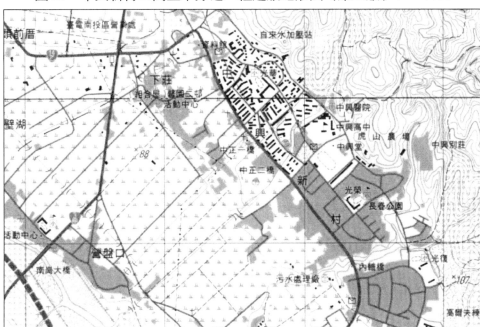

來源：臺灣百年歷史地圖，https://gissrv4.sinica.edu.tw/gis/twhgis.aspx，中央研究院地理資訊科學研究專題中心，檢索日期：2022年6月13日。

在省府尚未疏遷以前，中興新村之所在位置大部分種植甘蔗、地瓜、麻竹、香蕉等：〔註23〕

> 以前這裡是旱地，水稻很少，都是在種甘蔗、龍眼。中興高中附近
> 是山坡地，山坡地都是種甘蔗，要不然就是墓仔埔。〔註24〕

其後，為因應省府疏遷政策，於1956年（民國45年）6月25日動工興

〔註22〕施添福總編纂、陳國川編纂、羅美娥撰述，《臺灣地名辭書，卷十，南投縣》（南投：臺灣省文獻委員會，2001年），頁52。

〔註23〕臺灣省文獻委員會，《臺灣省政府中興新村耆老口述歷史座談會紀錄》，頁47、111。

〔註24〕中興新村辦公人員（國家發展委員會檔案管理局，臺灣省政資料館專門委員），蔡志雄先生口述，鄒孟廷訪問，2022年11月18日於臺灣省政資料館。

建，同年 7 月省府疏遷遷移至此，逐漸發展為一典型的行政中心。

（二）形成背景

中興新村又稱營盤口疏散區，地名由來可追溯至清領時期，該地常有土匪橫行，是以常有清軍駐紮在此而得名。〔註 25〕之後嚴家淦主席採用時任省議會議長黃朝琴的建議並命名為「中興新村」，〔註 26〕佔地約 300 多公頃。其中辦公廳舍最密集區是在光輝里和光華里北部，〔註 27〕參見圖 26，因地形及發展上的關係，整體囊括南投縣南投市、營盤口、內轆及草屯鎮山腳里。〔註 28〕

圖 26：中興新村範圍圖

來源：林曉慧，〈中興新村流轉年代的文化資產價值〉（雲林：國立雲林科技大學文化資產及維護碩士論文，2013 年），頁 6。

〔註 25〕鍾起岱，《中興新村學：從臺灣省政府到高等研究園區》，頁 81。
〔註 26〕黃朝琴，《朝琴回憶錄：臺灣政商耆宿黃朝琴》（臺北：龍文出版，2001 年），頁 188。
〔註 27〕施添福總編纂、陳國川編纂、羅美娥撰述，《臺灣地名辭書，卷十，南投縣》，頁 52。
〔註 28〕建設廳疏散房屋工程處，《疏散工程處總報告》，頁 23。

（三）興建過程

　　1956 年（民國 45 年）7 月由於工程移轉至中興新村，疏散工程處便遷移至草屯鎮青雲街 43 號，劉永楙於隔年 1 月離臺就任聯合國顧問後，改由張金鎔接任疏散工程處主任。〔註 29〕1957 年（民國 46 年）至 1964 年（民國 53 年）為官方社區初步的規劃與興建，包括 6 棟辦公廳須容納 1,647 位辦公人員；單身宿舍 8 棟、眷屬宿舍約 1,000 戶。〔註 30〕其中，辦公廳與宿舍之建築樓層數多為兩層樓及平房，並且依照官等作為區分。那為什麼無法再興建更高的樓層數？主要有兩點原因：第一、當時疏遷經費有限；第二、要規劃中興新村前，地下鑽探團隊發現該宿舍群距離斷層帶太近，擔心一旦發生地震，將會災情慘重。在經費不足、地質不確定性的情況下，才致使中興新村大部分的樓層數維持一至兩樓，〔註 31〕見下圖 27：

圖 27：中興新村（左為平房、右為兩層樓）

來源：筆者拍攝，拍攝日期：2022 年 10 月 28 日。

〔註 29〕建設廳疏散房屋工程處，《疏散工程處總報告》，頁 13。

〔註 30〕「中興新村辦公廳及宿舍即將完成各單位應遷入辦公人數及所需辦公廳、宿舍暨疏遷日期等問題」（1957 年 6 月 10 日），〈辦公廳及房舍分配（0045/ZG1/49/1）〉，《臺灣省級機關》，國史館臺灣文獻館（原件：國家發展委員會檔案管理局），典藏號：0040171023949001；建設廳疏散房屋工程處，《疏散工程處總報告》，頁 11。

〔註 31〕中興新村辦公人員（國家發展委員會檔案管理局，臺灣省政資料館專門委員），蔡志雄先生口述，鄒孟廷訪問，2022 年 11 月 18 日於臺灣省政資料館。內容：「地質鑽探下去發現，我們虎山是車籠埔斷層帶邊，所以我們環山路離斷層帶都是十五到五十公尺。一鑽探下去不得了，因為地質不確定性太高，工法又不好，怎麼可能蓋高？然後又因為山坡地要減少土堆，整個中興新村是順著山坡地蓋的。原則上原本是想蓋兩層，不過因疏遷經費有限。」

　　除了以上辦公廳舍之規劃，劉永楙與張金鎔兩人除了主張中興新村參考英式社區模式進行之外，還包括道路、上下水道與鄰里單元社區之設計：〔註32〕

1. 道路

　　中興新村之道路規劃大部分成曲線型，與光復新村棋盤式道路設計略為不同。此規劃為劉永楙等人於霧峰林家進行討論之結果，〔註33〕考量英國新市鎮的道路大都呈現彎彎曲曲的，擔心如道路設計太過於筆直將會導致車輛速度過快，容易發生事故。因此道路設計如規劃曲線型並限速 20 至 25 英哩，〔註34〕不僅能放低車輛速度，同時可以與人行道之設計一同保障行人的安全，整體工程之設計與佈置則由趙國華、倪世槐負責。〔註35〕

　　另外，周志龍在其研究中指出中興新村之道路規劃包括道路功能的等級分類、超大街廓、囊底路，〔註36〕參見圖28，以及人行道與車道的分離設計，參見圖 29。〔註37〕其中道路層級分類更將此社區之道路分成幹線、區內交通線、區內支線與便道等，皆有各自不同的服務機能，〔註38〕參見附錄 5。

圖 28：囊底路

來源：筆者拍攝，拍攝日期：2022 年 10 月 28 日。

〔註32〕〈臺灣光復初期自來水政策主導者劉永楙先生〉（T1016_03_01_011），《劉永楙文書》（T1016），中研院臺史所檔案館數位典藏。

〔註33〕呂芳上等訪問、謝采秀等紀錄，《都市計畫前輩人物訪問記錄》，頁 86。

〔註34〕臺灣省文獻委員會，《臺灣省政府中興新村耆老口述歷史座談會紀錄》，頁 21。

〔註35〕臺灣省文獻委員會，《臺灣省政府中興新村耆老口述歷史座談會紀錄》，頁 56。

〔註36〕囊底路主要是指一條巷路進入巷道後沒有通路，形成一個像囊袋一樣的小圓環，車子可以進行迴旋。參見鍾起岱，《中興新村學：從臺灣省政府到高等研究園區》，頁 256。

〔註37〕周志龍，〈臺灣省政府中興新村對於南投縣發展衝擊之研究〉，頁 38～43。

〔註38〕林曉慧，〈中興新村流轉年代的文化資產價值〉，頁 98～99。

圖 29：人行道與車道分離

來源：筆者拍攝，拍攝日期：2022 年 10 月 28 日。

2. 供水系統：自來水、雨水、汙水下水道

自來水及分流式下水道由工程總隊總工程司范純一進行規劃，〔註39〕高希和掌管工程的興建，陳敏卿負責管理。〔註40〕上述人員不單是 1950 年代出國考察之人才，同時也為劉永楙疏散工程領導團隊之菁英。

中興新村按照初步計畫設置兩個鄰里單元，約可容納 12,000 人，為因應計畫區域內之用水需求開始進行自來水工程。雨水下水道工程則考量中興新村之地勢傾斜，如進行排水工程將可節省排水設備費用。全部工程分成三期進行，第三期於 1958 年（民國 47 年）9 月 10 日完工；〔註41〕汙水下水道工程為中興新村另一項重要設施，劉永楙剛抵達霧峰時發現土木科科長的廁所是使用茅坑，因此決定規劃一座小型的化糞池。首先於光復新村做一個小型實驗區，之後再與其他專業人才將其概念成功運用於中興新村的規劃。以下為劉王申望描述當時興建下水道之過程：

> 他們設計中興新村有很高的理想，方法完全是最新式的，因此必須在霧峰作小範圍的試驗。到現在為止，中興新村汙水處理都沒有問題，馬路上也看不到有管線拉來拉去。〔註42〕

在疏散工程處團隊的努力下，汙水下水道工程分為二期，於 1957 年（民國 46 年）6 月完工，〔註43〕為最具前瞻性之工程代表。該宿舍群之每戶眷舍

〔註39〕〈臺灣光復初期自來水政策主導者劉永楙先生〉（T1016_03_01_011），《劉永楙文書》（T1016），中研院臺史所檔案館數位典藏。

〔註40〕呂芳上等訪問、謝采秀等紀錄，《都市計畫前輩人物訪問記錄》，頁 87。

〔註41〕建設廳疏散房屋工程處，《疏散工程處總報告》，頁 128、134～137。

〔註42〕呂芳上等訪問、謝采秀等紀錄，《都市計畫前輩人物訪問記錄》，頁 88。

〔註43〕建設廳疏散房屋工程處，《疏散工程處總報告》，頁 107。

後方皆有一小型排水孔，房屋內則設置抽水馬桶，將房屋廢水及糞便排放至屋外，與光復新村相同皆採用汙水與雨水分流式建設。〔註44〕

3. 鄰里單元：市場與學校

在社區規劃方面，中興新村之整體社區如依各區功能作區分，可分成行政辦公區、市鎮中心區及鄰里單元社區，〔註45〕參見圖30：

圖30：中興新村疏散區營建計畫圖（1957年初建規劃）

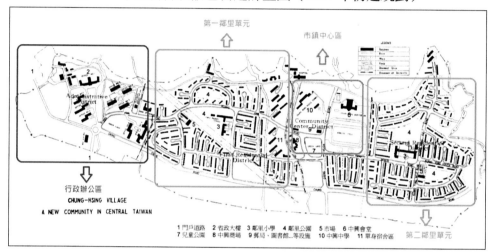

說明：
（1）由左至右依序分別為行政辦公區、第一鄰里單元區、市鎮中心區、第二鄰里單元區。
（2）第三鄰里單元區、第二行政辦公區則在第二鄰里單元區相對位置之右側。
來源：繪製自戴嘉慧，〈臺灣花園城市中興新村──烏托邦想像之境？〉，頁32。

如上圖30所示，首先最左側範圍為行政辦公區，包括民政廳、財政廳、建設廳、農林廳、交通處、主計處及社會處等單位，臺灣銀行與電信局等公用建築；其次，綠色範圍分別為第一鄰里單元與第二鄰里單元，前者以光華里為主，且以光華國小、第一市場為一中心點，向外擴張為一系列的單身宿舍；後者則以光榮里為主，並以光榮國小、第三市場為中心，除學校、市場各一處外，另有公園、檔案室與眷屬住宅；〔註46〕最後在第一、第二鄰里單元之間的為市鎮中心區，除了中興會堂、中興兒童公園、商場、銀行、圖書

〔註44〕建設廳疏散房屋工程處，《疏散工程處總報告》，頁100。
〔註45〕建設廳疏散房屋工程處，《疏散工程處總報告》，頁17。
〔註46〕建設廳疏散房屋工程處，《疏散工程處總報告》，頁23～24；鍾起岱，《中興新村學：從臺灣省政府到高等研究園區》，頁255～256。

室、中興高中以外，還有單身職員、工友宿舍等建築，其中中興會堂為居民舉辦娛樂及集會之場地，會堂前有一個大操場，可以舉辦運動會及各式體育活動等。〔註47〕

圖31：由上圖順時針依序為：
第一市場、光華國小、第三市場、光榮國小

來源：筆者拍攝，拍攝日期：2022 年 10 月 28 日。

從上圖 30、圖 31 可以發現，中興新村整體社區規劃將醫療、衛生、教育、文化與生活等公共設施集於一身，除了將工作區與住宅區作明顯區分之外，住宅區呈輻射狀排列，學校、市場及公園等公共設施適當地分配至各鄰里單元，且居民可藉由主要道路、次級道路有效率地抵達目的地，滿足其生活需求。〔註 48〕另外除了上述分區之外，還有第三鄰里單元及第二行政辦公

〔註47〕臺灣省文獻委員會，《臺灣省政府中興新村耆老口述歷史座談會紀錄》，頁20。
〔註48〕中興新村辦公人員兼住戶，朱小姐口述，鄒孟廷訪問，2022 年 10 月 28 日於行政院農業委員會農糧署。內容：「中興新村的生活形式是很幸福的，三間國小、一間國中、一間高中、郵局、圖書館、公園，整個規劃是蠻好的。」

區，參見圖 32。第三鄰里單元社區位於內轆與第二鄰里單元隔溪相望，以光明里為主，包括市場、公園、學校與住宅區；第二行政辦公區則有兵役處、省訓團、衛生處、臺灣文獻館等單位。〔註49〕

圖 32：第三鄰里單元、第二行政辦公區

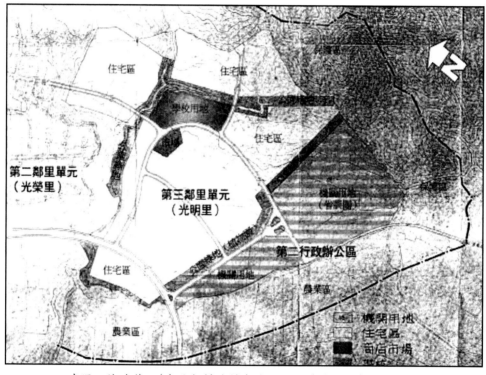

來源：林曉慧，〈中興新村流轉年代的文化資產價值〉，頁 64。

中興新村整體空間配置規劃除了大多參照田園城市、鄰里單元及防空疏散的低密度開發，〔註50〕並以光復新村作為一實驗區，以下為劉永楙描述之情況：

> 中興新村之構想、實驗與施工，完全符合科學之程序進行，霧峰一部份地選為實驗社區，道路規劃、建築佈置與式樣，上下水之處理，垃圾之收集與安置，均在此實驗區先行試辦，然後在營盤口予以必要之修改計畫與設計。〔註51〕

〔註49〕鍾起岱，《中興新村學：從臺灣省政府到高等研究園區》，頁 255。
〔註50〕張永楨、陳哲三著，《南投縣志（續修）·沿革志卷一》（南投市：南投縣政府，2019 年），頁 240。
〔註51〕臺灣省文獻委員會，《臺灣省政府中興新村耆老口述歷史座談會紀錄》，頁 56。

　　1950 年代所興建的光復新村與中興新村，在道路、上下水道、學校與市場等，對於居民所有生活需求皆有完備的設置。〔註52〕首先，中興新村之整體空間構想與施工過程中，以學校、市場或公園為中心之鄰里單元原則，道路層級分類及人行道與車道之分離設計等，不僅重視行人安全、限縮居民或孩童前往市場或學校之距離，同時也提供居民自給自足、舒適安全之生活型態；其次，該宿舍群內更將住宅與工作範圍作明顯區分，諸如行政辦公區、市鎮中心區與鄰里單元住宅區之分配等；〔註53〕最後，在建築陳設與格局上，兩宿舍群不僅以低矮建築、前庭後院為主，中興新村在公園、綠地之分布以及行道樹之種植，更體現工程團隊對於環境的重視，〔註54〕參見附錄6，整體社區規劃原則，部分承襲了劉永楙於 1952 年（民國 41 年）至英國考察的田園城市、第一代新市鎮理念。

　　不過在道路規劃方面，中興新村與光復新村之棋盤狀道路不盡相同，此點同樣與劉永楙等工程團隊在光復新村建成後所討論之結果有關。其中，中興新村最大的特色為囊底路，此道路設計日後更被應用至 1960～1970 年代臺北市的民生社區。惟該社區當時被規劃給予美軍居住僅提供宿舍功能，而中興新村則是將辦公、住宅與生活機能三者合而為一的社區，兩者定位不同。〔註55〕此外，現今的民生社區在歷經都市發展過程後，當時的囊底路之設計已隨著時代變遷下日漸模糊。〔註56〕

〔註52〕〈臺灣光復初期自來水政策主導者劉永楙先生〉（T1016_03_01_011），《劉永楙文書》（T1016），中研院臺史所檔案館數位典藏。

〔註53〕中興新村辦公人員（國家發展委員會檔案管理局，臺灣省政資料館專門委員），蔡志雄先生口述，鄒孟廷訪問，2022 年 11 月 18 日於臺灣省政資料館。內容：「工作可分開，但不可分離。所以中興新村北和南，我們辦公區北有一區，南也有一個辦公區，整個中間是一個生活，銀行、郵局、電信局、圖書館、學校、中興醫院、殯儀館。」

〔註54〕鍾起岱，《打造城市夢想：都市規劃與管理》（臺北市：秀威資訊科技，2004年），頁 268。

〔註55〕鍾起岱，《中興新村學：從臺灣省政府到高等研究園區》，頁 254。

〔註56〕中興新村前省政資料館主任，鍾起岱先生口述，鄒孟廷訪問，2022 年 10 月 28日於向上公園，南投縣南投市向上五路 69 號。內容：「民生社區的方式就是中興新村的翻版，民生社區現在的狀況已經不是我們了解的，它現在蓋了很多大樓，以前民生社區只能蓋兩層樓，因為它是美軍的宿舍區，所以它按照中興新村的建設方式建設。你會發現它是囊底路設計，只不過是因為高樓大廈林立，所以它囊底路不見了，變很小、看不出來。」

第二節　1960 年代：長安新村、審計新村

一、長安新村

（一）地理位置

　　長安新村全區位於臺中市北屯區北興里三光巷 50 弄境內，該里在清代隸屬於三十張犁，根據《臺中市志‧地理志》記載，一張犁等於五十甲，因該地附近有約一百五十甲墾地而得名。〔註57〕從下圖 33 的 1948 年（民國 37 年）舊航照影像，可以發現該宿舍群之周邊地區仍以稻田為主。

圖 33：長安新村臺中市舊航照影像（1948）1：50000

來源：臺灣百年歷史地圖，https://gissrv4.sinica.edu.tw/gis/taichung.aspx，中央研究院地
　　理資訊科學研究專題中心，繪製日期：2022 年 11 月 14 日。

（二）形成背景

　　1960 年代行政院為體恤退休人員之辛苦並減輕其生活負擔，政府准許給予退休人員繼續居住省府宿舍；同時省府行政體系日漸擴大，所需之辦公人員日益增多。在以上兩個情況下，雖使退休人員在生活上有所保障，卻間接使現

〔註57〕陳國川主持；國立中興大學編纂，《臺中市志‧地理志》，頁 385；洪敏麟，《臺
　　灣舊地名之沿革第二冊（下）》（臺中：臺灣省文獻委員會，1984 年），頁 53。

職人員之宿舍不足。另外值得思考的是，如第二章所述，1950 年代省府疏遷中部，其原因之一是為了避免行政機關高度集中於臺北，可以發現兩岸局勢對於戰後臺灣政策的方向與制定是至關重要的。〔註 58〕因此，可以推測當時省府在 1960 年代繼續於臺中市區興建長安新村與審計新村，除了以上條件之外，分散軍事風險同樣為省府考量的因素之一。1965 年（民國 54 年）省府開始進行長安新村之興建，以下圖 34 為 1976 年（民國 65 年）的航照圖進行對照後可以發現，長安新村之周邊地區在這近三十年間，從原本稻田的分布至建築物林立，整體聚落型態有顯著變化。

圖 34：長安新村臺中市舊航照影像（1976）1：50000

來源：臺灣百年歷史地圖，https://gissrv4.sinica.edu.tw/gis/taichung.aspx，中央研究院地理資訊科學研究專題中心，繪製日期：2022 年 6 月 9 日。

〔註 58〕中興新村辦公人員（國家發展委員會檔案管理局，臺灣省政資料館專門委員），蔡志雄先生口述，鄒孟廷訪問，2022 年 11 月 18 日於臺灣省政資料館。內容：「因為功能性慢慢發揮，面對民眾的需要，要如何提供更完整的服務，基本上也是一個防空疏散的概念。」

因此，長安新村之眷舍分配，除了以編制內人員為主尚未配給宿舍等可優先申請外，〔註59〕並分配給予中興、光復兩村職員宿舍之退休人員已辦理完成退休手續者為限，舉凡為省府編制人員有直系親屬或配偶隨同入住者，皆可申請配住眷屬宿舍。除了以戶籍謄本作為審核依據之外，依職位等級與配住人數分成甲、乙、丙、丁 4 個等級，〔註60〕主要為居住用途不得兼營商業。〔註61〕

（三）興建過程

長安新村位於臺中市北屯區，於 1965 年（民國 54 年）開始進行職員宿舍 32 戶工程。在興建過程中發現北屯區地勢較高，因此為避免日後面臨缺水情況而極力改善該宿舍之給水供應，其後於隔年 12 月 27 日正式驗收建築、水電設備。整體房屋規劃為一至二層樓鐵筋加強之磚造宿舍，且每戶皆有各自獨立庭院，居民可在各自庭院前栽種水果、樹木花草等綠化環境，與先前 1950 年代所興建的光復新村、中興新村之庭園設計有相似之處。〔註62〕

長安新村入住人員大部分原規劃以省府新聞處、交通處航空隊之員工眷屬居住為主。〔註63〕不過之後，省府其他單位陸續發函至公管處建請核可於該宿舍之所有地興建宿舍，例如：省府直升機隊於 1969 年（民國 58 年）4 月

〔註59〕「長安新村 32 戶眷舍分配。」（1966 年 12 月 16 日～1967 年 3 月 13 日），《臺灣省政府秘書處》，國史館臺灣文獻館（原件），典藏號：01905583；林欣君，〈以利害關係人觀點探討公有土地之開發與管理機制——以臺中市長安新村為例〉，頁 33。

〔註60〕「秘書處簽為公共事務管理處呈擬「臺灣省政府公共事務管理規則草案」請核提府會討論案。」（1965 年 8 月 16 日），〈臺灣省政府委員會議第 854 次會議〉，《臺灣省政府委員會議》，國史館臺灣文獻館（原件：國家發展委員會檔案管理局），典藏號：00501085412。

〔註61〕「黃杰主席：眷村房舍係屬公產，不得兼營商業。查公務員不得兼營商業法有明文，若謂係眷屬兼營副業則與「臺灣省政府中興、光復、長安新村公共事務管理實施辦法」第廿七條規定相違。」（1966 年 1 月 31 日），〈臺灣省政府首長會議第 29 次會議〉，《臺灣省政府委員會議》，國史館臺灣文獻館（原件：國家發展委員會檔案管理局），典藏號：00502002913。

〔註62〕「長安新村 32 戶眷舍分配。」（1966 年 12 月 16 日～1967 年 3 月 13 日），《臺灣省政府秘書處》，國史館臺灣文獻館（原件），典藏號：01905583；林欣君，〈以利害關係人觀點探討公有土地之開發與管理機制——以臺中市長安新村為例〉，頁 34。

〔註63〕「長安新村眷舍自費增建說明會」（1997 年 8 月 25 日），〈長安新村眷舍就地改建〉，《國家發展委員會檔案管理局》，機關檔案目錄網（原件：國家發展委員會檔案管理局），典藏號：0086/FU219/1/1/017。

建請在長安新村之省有眷地興建 10 戶眷舍，供該隊工作人員居住。〔註64〕因此，隨著省府入住人員增加及退休人員陸續進駐，省府於 1969 年（民國 58 年）至 1972 年（民國 61 年）陸續興建二、三、四、五期房舍，全區房舍之興建階段共可分為五個時期總計 85 戶，見圖 35，包括省府新聞處（37 戶）、省政府（24 戶）、交通部民航局航空隊（14 戶）、內政部警政署（2 戶），其他內政部、經濟部、教育部、財政部國有財產局、行政院農委會、原委會、水保局與審計處等 8 個單位各 1 戶。〔註65〕

圖 35：長安新村

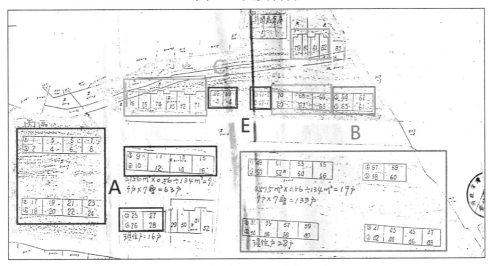

說明：（1）A：紅色區塊，1965 年（民國 54 年）興建。
　　　（2）B：橘色區塊，1966 年（民國 55 年）興建。
　　　（3）C：綠色區塊，1969 年（民國 58 年）興建。
　　　（4）D：黃色區塊，1971 年（民國 60 年）興建。
　　　（5）E：藍色區塊，1972 年（民國 61 年）興建。
來源：繪製自「長安新村眷舍自費增建說明會」（1997 年 8 月 25 日）、〈長安新村眷舍就地改建〉，《國家發展委員會檔案管理局》，機關檔案目錄網（原件：國家發展委員會檔案管理局），典藏號：0086/FU219/1/1/017；林欣君，〈以利害關係人觀點探討公有土地之開發與管理機制──以臺中市長安新村為例〉，頁 34。繪製日期：2022 年 6 月 5 日。

〔註64〕「為貴隊擬在本處經管臺中市北屯區長安新村眷區建築眷舍十戶一案。」（1969 年 4 月 8 日），《財政部國有財產署》，機關檔案目錄網（原件：財政部國有財產署），典藏號：0058/財五 266.41/0033/0001/001。
〔註65〕「召開研商臺灣省經營光復新村長安新村審計新村及黎明辦公區宿舍移撥問題會議紀錄一份。」（2002 年 10 月 2 日），《內政部》，機關檔案目錄網（原件：內政部），典藏號：0092/F050403/0001/0003/026。

　　長安新村為省府繼光復新村、中興新村後所興建的第三個宿舍群，該宿舍群因位於臺中市區，位置鄰近北屯國小、北屯市場且距離一中商圈步行約20分鐘，整體社區機能多依靠附近商業區與學區。

二、審計新村

（一）地理位置

　　審計新村位於臺中市西區昇平里，該里在清代隸屬於土庫庄，因該地水田遍及，多有農家用以儲藏稻米的土庫而得名。〔註66〕至戰後時期，從下圖36的1949年（民國38年）舊航照影像，可以發現該宿舍群之所在位置仍為一片水稻田。

圖36：審計新村臺中市舊航照影像（1948）1：50000

來源：臺灣百年歷史地圖，https://gissrv4.sinica.edu.tw/gis/taichung.aspx，中央研究院地理資訊科學研究專題中心，繪製日期：2022年11月13日。

（二）形成背景

　　其後，1960年代省府為了發揮疏散功能，以及因應省府辦公人員日漸增多之情況，開始進行審計新村之興建，依照地理區塊可以分成三個部份，參見

〔註66〕陳國川主持；國立中興大學編纂，《臺中市志・地理志》，頁318；洪敏麟，《臺灣舊地名之沿革第二冊（下）》，頁41。

圖 37。其中，A 區為該省府宿舍之主要區域，座落於臺中市西區民生路 368 巷一帶，範圍為中興街與民生路的交叉口。鄰近向上國中、國立臺灣美術館、草悟道、勤美綠園道，周邊商店林立、交通生活機能極為發達。〔註 67〕

圖 37：審計新村臺中市舊航照影像（1976）1：50000

說明：
（1）A：紅色區塊為審計新村的主要區域，範圍為民生路及民生路 368 巷一帶。
（2）B：綠色區塊，範圍為向上路一段及向上路一段 33 巷一帶。
（3）C：藍色區塊，民權路 217 巷 11 號。
來源：臺灣百年歷史地圖，https://gissrv4.sinica.edu.tw/gis/taichung.aspx，中央研究院地理資訊科學研究專題中心；參照「檢送本府彙整貴機關使用本府經管臺中市西區審計新村公有宿舍房地清冊一份，請依規定辦理撥用手續並接管，請查照。」（2002 年 12 月 30 日），《財政部國有財產署》，機關檔案目錄網（原件：財政部國有財產署），典藏號：0092/1231/0355/0001/001，繪製日期：2022 年 6 月 9 日。

（三）興建過程

審計新村的主要眷舍範圍集中於民生路 368 巷一帶，於 1969 年（民國 58 年）興建，建築類型分成 12 坪、18 坪、24 坪等三種類型，屬於小面積眷

〔註 67〕「檢送秘書處公共事務管理處處理經管臺中市審計新村暨民權路二一七巷一一號省有眷舍房地就地改建計畫敬請核定。」（1982 年 10 月 16 日），〈公有宿舍處理疑義〉，《國家發展委員會檔案管理局》，機關檔案目錄網（原件：國家發展委員會檔案管理局），典藏號：0071/FT036.1/3/6/015。

舍。〔註68〕整體宿舍之面積為 6,106 平方公尺，腹地不大；宿舍戶數總計 59
戶，包括眷舍 52 戶、職務宿舍 7 戶，其中眷舍部分有 49 戶為審計處員工，其
他 3 戶屬省府新聞處員工。〔註69〕整體建築為鋼筋混凝土磚造、白牆紅瓦建
築，且大部分為對稱型庭院式的平房或二層樓房，〔註70〕見圖 38。惟民權路
217 巷 11 號眷舍參見上圖 37 之 C 區，為一日式木造平房，面積僅 408 平方公
尺之獨立庭院。〔註71〕

圖 38：審計新村

來源：筆者拍攝，拍攝日期：2022 年 11 月 10 日。

　　1960 年代的長安新村、審計新村與光復新村、中興新村相比，入住人員
較少、興建規模較小。在部分建築上雖延續了庭院設計之規劃，但是在整體社
區規劃上兩宿舍群之地理位置皆位於臺中市中心，道路交通皆為便利、現有水
電系統完善、市場與學校多仰賴附近之商業區與學區，在周邊生活機能發達之
情況下，兩社區是以缺乏自給自足、鄰里單元之概念，並沒有如光復新村、中
興新村內有明顯的獨立公共設施。

〔註68〕「檢送臺中市審計新村省有眷舍改建公教住宅研商會議記錄乙份，請查照。」
　　　（1996 年 12 月 11 日），〈審計眷舍改建公教住宅〉，《國家發展委員會檔案管
　　　理局》，機關檔案目錄網（原件：國家發展委員會檔案管理局），典藏號：0085/
　　　FU219/5/1/001。
〔註69〕「檢送審計新村房地有償撥供審計處辦理就地改建會議記錄。」（1997 年 9 月
　　　19 日），〈審計新村就地改建〉，《國家發展委員會檔案管理局》，機關檔案目錄
　　　網（原件：國家發展委員會檔案管理局），典藏號：0086/FU219/3/1/002。
〔註70〕〈退休人員佔住比例很高〉，《聯合報》，1983 年 8 月 7 日，第 2 版。
〔註71〕「檢送公管處處理經管臺中市審計新村暨民權路 217 巷 11 號省有眷舍房地就
　　　地改建計畫。」（1982 年 10 月 6 日），〈眷舍房地就地改建〉，《國家發展委員
　　　會檔案管理局》，機關檔案目錄網（原件：國家發展委員會檔案管理局），典藏
　　　號：0071/FU213/9/1-1/001。

　　另外加上兩社區內缺乏主要道路之設計與明顯的土地分區，諸如住宅區與辦公區之分配原則等，相對於光復、中興新村或許與此二宿舍群基地範圍較小有關。雖然兩社區之形成背景，同樣都是受戰後臺灣省政府疏遷中部所致。不過如以興建時間來看，我們可以發現在以上兩宿舍群尚未規劃以前，如圖 33 與圖 36 兩宿舍群之所在位置皆以稻田為主，再搭配以下 1949 年（民國 38 年）的臺中市街圖，似乎可以將兩宿舍群之發展過程與舊臺中市的聚落型態進行討論：

圖 39：1949 年（民國 38 年）臺中市街圖

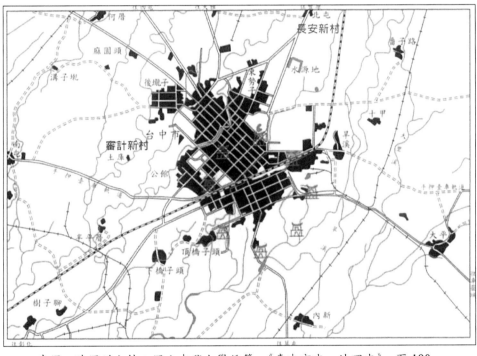

來源：陳國川主持；國立中興大學編纂，《臺中市志・地理志》，頁 190。

　　從上圖 39 的 1949 年（民國 38 年）臺中市街圖，我們可以發現審計新村雖位於西區，但當時較無明顯聚落發展；位於北屯區的長安新村亦然如此。直至 1956 年（民國 45 年）起，臺中市政府陸續制定都市計畫，將原本的農業用地編更為都市發展用地，[註72] 市區範圍逐漸向外擴展至西屯、南屯、北屯等區。從以下兩張不同時間點的航空圖互相對照，可以發覺兩宿舍群之興建歷程與當地聚落的變遷情形，是跟隨著臺中都市發展與時俱進的。

[註72] 張勝彥編纂，《臺中市史》（臺中市：中市文化，1999 年），頁 423。

圖 40：長安新村、審計新村臺中市舊航照影像（1948）1：50000

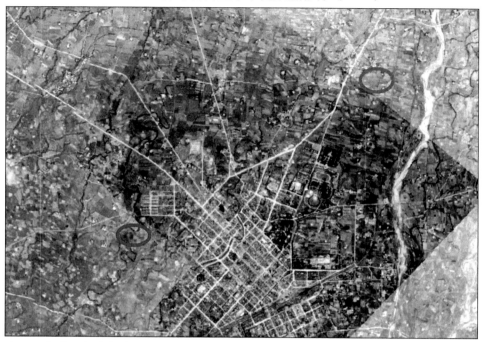

來源：臺灣百年歷史地圖，https://gissrv4.sinica.edu.tw/gis/taichung.aspx，中央研究院地
理資訊科學研究專題中心，繪製日期：2022 年 11 月 15 日。

圖 41：長安新村、審計新村臺中市舊航照影像（1976）1：20000

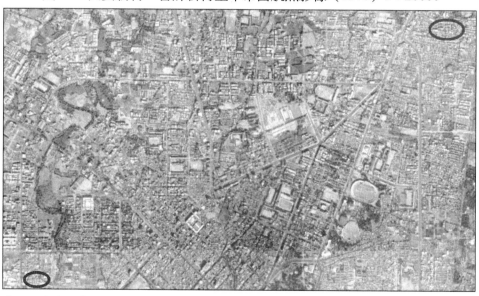

來源：臺灣百年歷史地圖，https://gissrv4.sinica.edu.tw/gis/taichung.aspx，中央研究院地
理資訊科學研究專題中心，繪製日期：2022 年 11 月 15 日。

第三節　1970 年代：黎明新村

一、地理位置

黎明新村位於今臺中市南屯區黎明里，見圖 42：

圖 42：黎明新村位置圖

說明：圖中之紅色框範圍為黎明新村所在區域。
來源：Google 地圖 1/500，瀏覽日期：2022 年 5 月 2 日。

黎明新村之所在位置，在尚未被規劃以前以稻田為主。〔註 73〕如以整體舊臺中市轄區來看，南屯區在舊臺中市轄區之發展歷程中開發較晚，在日治時期栽種稻米，直至戰後時期仍以農業為主要發展產業。〔註 74〕從以下圖 43 的 1959 年（民國 48 年）航照圖再搭配黎明新村居民之描述，可以發現當時的南

〔註 73〕 黎明新村住戶，楊太太口述，鄒孟廷訪問，2022 年 10 月 27 日於楊太太住家。
　　　　內容：「朋友來找我，騎著摩托車騎在田間小徑超美！然後那個農夫耕田的時候、收割的時候，後面成群結隊的白鷺鷥，超漂亮！！我那時候開英文班，大家都好開心，全部都躺在稻草上上英文課。」

〔註 74〕 洪敏麟，《臺灣舊地名之沿革第二冊（下）》（臺中：臺灣省文獻委員會，1984年），頁 51～52；陳柏州、蔡培慧，《臺灣的舊地名》（新北：遠足文化，2003年），頁 99。

屯區皆為稻田分布，與當時中心商業區的中區形成對比：

> 我來的時候是民國 66 年，那個時候社區從這到朝馬是泥巴地。那個
> 時候鬧區還在中正路，中正商圈還是蠻熱鬧的，所以我們這個地方
> 算還是一個偏僻的地方。〔註75〕

> 沒有水泥，整個就是下雨就是踩泥巴。我媽媽那時候從臺北，從朝
> 馬一個紅綠燈右轉一直開到這個黎明社區，我老媽是一路哭進來的。
> 因為臺北那麼熱鬧，就是因為我爸爸去臺中港上班，所以我們才搬
> 下來的，那時候臺中港建港，完全沒辦法適應。〔註76〕

圖 43：黎明新村臺中市舊航照影像（1959）1：10000

來源：臺灣百年歷史地圖，https://gissrv4.sinica.edu.tw/gis/taichung.aspx，中央研究院地
理資訊科學研究專題中心，繪製日期：2022 年 11 月 12 日。

　　然而近幾年在臺中都會區快速發展下，南屯區交通機能發達，更為臺中市
重點發展核心地帶。〔註77〕於此同時，下圖 44 為 1976 年（民國 65 年）的航
照圖，進行對照後可以發現原是稻田的黎明新村逐漸有建築物分布：

〔註75〕黎明新村住戶，馬太太 A 口述，鄒孟廷訪問，2022 年 10 月 27 日於楊太太住家。
〔註76〕黎明新村住戶，馬太太 B 口述，鄒孟廷訪問，2022 年 10 月 27 日於楊太太住家。
〔註77〕「中興新村中部行政中心暨黎明新村都市更新開發辦理原則」（2011 年 3 月
　　　　17 日～2011 年 3 月 28 日），〈內政部中興新村中部行政中心暨黎明新村都市更
　　　　新開發辦理原則（草案）研商會議案〉，《行政院》，機關檔案目錄網（原件：內
　　　　政部），檔號：100-E160312-B01-B001-008。

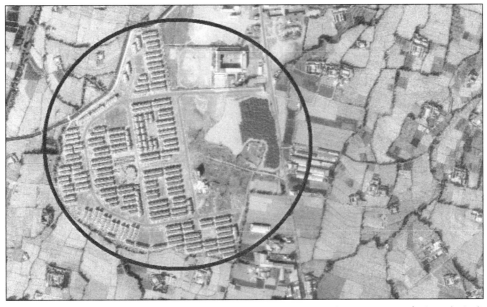

圖 44：黎明新村臺中市舊航照影像（1976）1：10000

來源：臺灣百年歷史地圖，https://gissrv4.sinica.edu.tw/gis/taichung.aspx，中央研究院地
　　　理資訊科學研究專題中心，繪製日期：2022 年 11 月 12 日。

二、形成背景

　　1950 年代中期，臺灣省政府執行疏遷計畫將其辦公廳處分批遷移至光復
新村、中興新村二地，僅大部分合署辦公單位疏遷，尚有其餘少數二級、三級
單位仍留駐於臺北。不過其實省府在 1950 年代末進行疏遷政策後，一直都有
將上述附屬單位一同遷往中部的構想，但礙於財政、相關單位人員之意願等因
素而久久未能實行。〔註78〕因此在省府單位分居北、中兩地之情況下，人員處
理公文需往返兩地影響工作效率、聯繫不便外，加上 1967 年（民國 56 年）臺
北市正式升格直轄市後，更使省府無遷回原臺北辦公廳處之可能，是以省府為
提升人員效率、節省工作時間將其所有辦公廳處集中一地，〔註79〕於 1969 年

〔註78〕「干城計劃」（1969 年 12 月 17 日），〈干城計劃（0058/019.24/6/1）〉，《臺灣省
　　　級機關》，國史館臺灣文獻館（原件：國家發展委員會檔案管理局），典藏號：
　　　0040192428737001。

〔註79〕黎明新村鄰長，許先生口述，鄒孟廷訪問，2022 年 10 月 21 日於黎明里活動
　　　中心。內容：「黎明新村還沒規劃以前，是一個合作農場，就三層合作農場。
　　　當時就為了這個省政府三級機關，因為臺北市升格院轄市，而這個原本留在
　　　臺北省政府的三級單位，原本要遷到中興新村，他們不要，謝東閔主席的時候
　　　就成立一個黎明新村的黎明辦公區。」

（民國 58 年）省府開始進行疏遷地點的選擇，原考慮將上述附屬單位遷入中興新村與先前 1950 年代末期遷入之單位一同辦公，但考量中興新村雖已建設為一省政中心，惟經近幾年觀察卻發現民眾至該地洽公不便、與外界連繫不易，因此評估中部各縣市後認為臺中市不僅在人口、文化、交通、經濟各方面較其他縣市發達，同時在 1960 年代隨著臺灣經濟起飛，為了減輕基隆港與高雄港負荷量，行政院所核定之臺中港計畫正如火如荼地展開，如省政中心遷至臺中將可與該市之整體區域發展相輔相成，故決定臺中市為搬遷地點。〔註80〕

　　從上述省府疏遷地之決策可以發現，除了將其設置於都會區可增添民眾洽公之方便性外，同時也考量行政單位的進駐是否可與該地所在縣市之區域發展共存共榮，另外從以上省府會議紀錄，可得知臺中市為中央欲設立省會縣市選項之一，當時對於整體臺中市之區域發展而言更為一個重要的契機。

三、興建過程

　　關於黎明新村的興建過程，原先按照省府的干城計畫初步將疏遷單位設置於干城營區，其後省府考量該營區環境不適合，才另外尋找今黎明新村所在地進行規劃，以下分別以兩個階段進行討論：

（一）臺中干城營區

　　1960 年代末省府決議將疏遷地遷往臺中並開始尋求合適地點。其後擬定收購臺中干城營區進行都市計畫，〔註81〕該營區位於臺中火車站之周邊地區，為一軍事單位駐地。1969 年（民國 58 年）9 月時任省府主席陳大慶提出臺中火車站周邊的干城營區，該區土地廣大如妥善規劃利用，將足以容納臺北之省屬機構，〔註82〕同年年底省府決議承購臺中市軍方之干城營區，並成立「干城

〔註80〕「送干城計劃簡報記錄」（1972 年 8 月 1 日），〈干城計劃（0058/019.24/6/5）〉，《臺灣省級機關》，國史館臺灣文獻館（原件：國家發展委員會檔案管理局），典藏號：0040192428741003。

〔註81〕「經濟建設動員委員會副主任委員朱致一報告：干城營區一帶之都市計畫，為期早日規劃完成，似可由建設廳先行研訂，再協調臺中市政府辦理。」（1968 年 9 月 23 日），〈臺灣省政府首長會議第 132 次會議〉，《臺灣省政府委員會議》，國史館臺灣文獻館（原件：國家發展委員會檔案管理局），典藏號：00502013234。

〔註82〕「陳大慶主席：自臺北市升格後，省府遷返臺北已無可能，目前省府若干單位仍留臺北，除少數營業機構外，經查多無必要。本人構想將臺中干城營區土地予以規劃，並將臺北市省屬機構均集中遷入，將來省府即以該處為中心，至所需經費則以處理臺北市省有土地為財源。」（1969 年 9 月 30 日），〈臺灣省政

計畫執行小組」負責研擬搬遷事宜。〔註83〕

　　1971 年（民國 60 年）10 月 18 日第 260 首長會談中，陳主席指示遷往臺中市軍方的干城營區。不過省府考量該搬遷計畫費用耗鉅，故決定以分期分批方式辦理，因此先訂定第一期搬遷計畫，等該計畫在臺中永久訂妥後再行擬議第二期搬遷計畫。〔註84〕同年 12 月省府承購臺中干城營區土地且完成該營區之規劃、單位分配與接收，其後疏遷單位自行分配佈置且作必要之處理，並於隔年 3 月 1 日開始搬遷，計畫於 15 日搬遷完畢。〔註85〕整體搬遷工作由公管處負責，財政廳則負責籌措經費與處置房地，工程經費由以出售上述搬遷單位之臺北房地產為財源，省府眷舍採輔助公務人員興建住宅貸款辦法辦理。

　　不過值得注意的是，干城營區於 1960 年代末尚未執行都市計畫前原本是提供軍方一千餘人辦公、用膳及居住用途，地點寬敞且原有建物保持完善，〔註86〕原計畫將該地作為省府永久之辦公處所。不過考量其位於臺中火車站鬧區周邊欠缺寧靜，且該地位於中心商業區，如規畫為商圈、商店街等將可活絡臺中火車站之周邊地區，此規劃遠比設立辦公區、眷舍等較符合經濟效益。〔註87〕因此省府考量上述因素後，決定干城營區作為各單位新辦公廳尚未興

府首長會議第 172 次會議〉，《臺灣省政府委員會議》，國史館臺灣文獻館（原件：國家發展委員會檔案管理局），典藏號：00502017203。

〔註83〕「送干城計劃簡報記錄」（1972 年 8 月 1 日），〈干城計劃（0058/019.24/6/5）〉，《臺灣省級機關》，國史館臺灣文獻館（原件：國家發展委員會檔案管理局），典藏號：0040192428741003。

〔註84〕第一期搬遷單位包括糧食局、地政局（包括所屬單位測量總隊）、文獻委員會、水利局、土地資源開發委員會、合作事業管理處、工礦檢查委員會、訴願審議委員會、生產事業基金管理委員會、選舉監察委員會、建設廳技術委員會、地質調查所、度量衡檢定所等十三個單位，員工約二千二百餘人。參見自「干城計劃」（1969 年 12 月 17 日），〈干城計劃（0058/019.24/6/1）〉，《臺灣省級機關》，國史館臺灣文獻館（原件：國家發展委員會檔案管理局），典藏號：0040192428737001。

〔註85〕「規定搬遷事宜希遵照」（1971 年 12 月 18 日），〈干城計劃（0058/019.24/6/1）〉，《臺灣省級機關》，國史館臺灣文獻館（原件：國家發展委員會檔案管理局），典藏號：0040192428737009。

〔註86〕「為主席訓話請轉知主管人員出席由」（1972 年 1 月 10 日），〈干城計劃（0058/019.24/6/1）〉，《臺灣省級機關》，國史館臺灣文獻館（原件：國家發展委員會檔案管理局），典藏號：0040192428737015。

〔註87〕「送干城計劃作業簡報決定事項」（1972 年 7 月 7 日），〈干城計劃（0058/019.24/6/4）〉，《臺灣省級機關》，國史館臺灣文獻館（原件：國家發展委員會檔案管理局），典藏號：0040192428740019。

建完成前之臨時辦公地點，同時另外尋找公地新建辦公廳舍，待至地點確定、辦公廳舍完工後，原興建完成的干城營房則決定出售。

（二）黎明新村

省府在確定干城營區為臨時辦公地點之後，一方面執行該營區之興建計畫；另一方面找尋真正適合省府的新辦公地點，惟考量當時省府財政左右支絀，為了節省費用希以徵收公有地為主、盡量不要購買私有地以及避免徵收農地等，〔註88〕此點與 1950 年代末省府挑選光復、中興新村之地點原則有相似之處。

1971 年（民國 60 年）12 月 21 日，會同建設廳公共工程局、社會處、臺中市政府等單位派員實地勘查三處地點欲作為搬遷單位眷舍之興建地點，三處皆位於臺中市區，分別為復興路下橋子頭段、火柴公司對面以及黎明路第八國中附近之土地約共 5、60 公頃。首先為臺中市南區下橋仔頭段土地，該地點交通位置方便、基礎設施諸如水電設備等設置完善，因此當時陳主席核定該區，且為使區內土地整齊，另還徵購該區附近之小部分民地；其次火柴公司對面土地一樣以交通方便為由，與下橋仔頭兩地一同被初步規劃為辦公廳處之興建用地，由建設廳負責設計籌備；最後為第八國中附近之土地，可作為搬遷單位眷舍興建地點，其興建辦法請社會處積極規劃。〔註89〕

不過此時疏遷地點因環境問題出現轉折，原規劃為辦公廳處的下橋仔頭經建設廳考察後認為該地區不僅環境欠佳、吵雜，附近工廠林立且汙染嚴重，此外火柴公司附近土地同樣被環境問題所困擾，因此建設廳建議省府高層將地點更改至中興新村或第八國中眷舍附近。〔註90〕其後，省府於 1972 年（民國 61 年）7 月的會議中，正式確定所有搬遷單位之新辦公廳與職員眷舍均建在臺中市第八國中附近，〔註91〕9 日在建地小組會議中對於黎明新村之用地正

〔註88〕「送干城計劃簡報記錄」（1972 年 8 月 1 日），〈干城計劃（0058/019.24/6/5）〉，《臺灣省級機關》，國史館臺灣文獻館（原件：國家發展委員會檔案管理局），典藏號：0040192428741003。

〔註89〕「干城小組會商決定事項」（1972 年 1 月 7 日），〈干城計劃（0058/019.24/6/1）〉，《臺灣省級機關》，國史館臺灣文獻館（原件：國家發展委員會檔案管理局），典藏號：0040192428737013。

〔註90〕「送干城計劃簡報記錄」（1972 年 8 月 1 日），〈干城計劃（0058/019.24/6/5）〉，《臺灣省級機關》，國史館臺灣文獻館（原件：國家發展委員會檔案管理局），典藏號：0040192428741003。

〔註91〕「干城計劃簡報裁示事項希遵照」（1972 年 8 月 1 日），〈干城計劃（0058/

式決議黎明路以西至農田旁之水溝為界一帶，除黎明國中校地及黎明路以西
部分民地外，約 35 公頃土地全部列入計畫收購範圍，〔註92〕作為疏遷用途並
進行規劃，且奉行政院核准後為使該辦公區之空間充分利用，決議行政機關應
集中辦公並與其他公共空間、住宅區分區使用，〔註93〕見圖 45：

圖 45：黎明新村分區圖

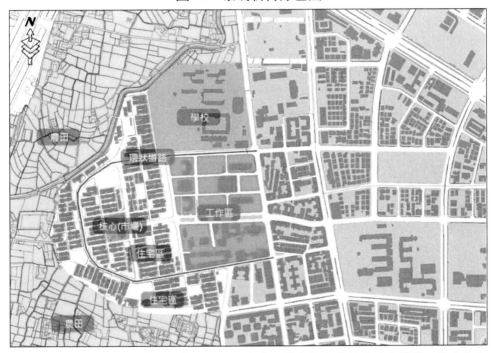

說明：紫色部分現今為黎明國中、國小所在地；藍色部分為進駐政府機關；黃色部分
　　　則為公務人員住宅區之分布範圍；U 字型紅色線條為干城街該社區之主要道路，
　　　可通往社區之三大區塊。
來源：許雅芬、呂曜州，《黎明新村公共空間改造計劃》（臺中：朝陽科技大學景觀及
　　　都市設計系畢業設計，2012 年），頁 16。

　　　019.24/6/5）〉，《臺灣省級機關》，國史館臺灣文獻館（原件：國家發展委員會
　　　檔案管理局），典藏號：0040192428741002。

〔註92〕「送干城計劃作業簡報決定事項」（1972 年 7 月 7 日），〈干城計劃（0058/019.
　　　24/6/4）〉，《臺灣省級機關》，國史館臺灣文獻館（原件：國家發展委員會檔案
　　　管理局），典藏號：0040192428740019。

〔註93〕「建設廳提為本廳公共工程局為干城辦公區各搬遷單位在黎明社區興建辦公
　　　廳工程一案，邀請有關單位舉行協調會議，其協調結論是否可行？請裁示。」
　　　（1976 年 3 月 22 日），〈臺灣省政府首長會議第 423 次會議〉，《臺灣省政府委
　　　員會議》，國史館臺灣文獻館（原件：國家發展委員會檔案管理局），典藏號：
　　　00502042308。

　　惟正準備進行興建工程時，恰逢 1972 年（民國 61 年）底因物價波動、建材缺乏等狀況而暫停進行，直至上述狀況漸趨穩定後，乃於 1974 年（民國 63 年）恢復原計畫著手興建，至隔年陸續完工，〔註94〕以下則將黎明新村分為工作區、住宅區與學校進行討論：

1. 工作區（黎明辦公區）

　　工作區包括 5 棟辦公大樓，分別為廉明樓、莊敬樓、自強樓、勤政樓與至善樓等，陸續至 1980 年代末興建完成。上述 5 棟大樓之間的空地則規劃網球場、活動中心等，緊鄰至善樓西側之空地用於設置自來水公司、臺灣銀行、郵局、圖書館及警政署廣播電臺，〔註95〕見圖46：

圖46：由上圖順時針依序為：廉明樓、勤政樓、自來水公司、至善樓

來源：筆者拍攝，拍攝日期：2022 年 10 月 21 日。

〔註94〕「建設廳提為黎明辦公區廳舍工程規劃簡報。」（1976 年 11 月 8 日），〈臺灣省政府首長會議第 444 次會議〉，《臺灣省政府委員會議》，國史館臺灣文獻館（原件：國家發展委員會檔案管理局），典藏號：00502044403。

〔註95〕「住宅及都市發展局簽為辦理黎明計畫辦公廳舍等工程內容、施工進度、暨工程預算執行不足情形，以及黎明計畫聯繫協調會報決議追加工程規劃等項，敬請裁示。」（1980 年 5 月 26 日），〈臺灣省政府首長會議第 546 次會議〉，《臺灣省政府委員會議》，國史館臺灣文獻館（原件：國家發展委員會檔案管理局），典藏號：00502054604。

2. 住宅區（黎明新村）

（1）社區

員工宿舍包括 2 幢 4 層建築單身宿舍，其他眷屬宿舍經各搬遷單位調查所需興建住宅戶數搭配職員名冊統計後核定為 1,132 戶，住宅類型全部規劃為兩層樓連棟或雙拼式獨院住宅，〔註96〕全體職員宿舍總共為 1,316 戶，於 1975 年（民國 64 年）中旬竣工並分配各申請住宅之員工進駐。〔註97〕

另外值得留意的是，黎明新村的房屋所有權是屬於現在住戶的，與以上宿舍群為員工宿舍的性質是不同的，為什麼會這樣做區分？第一、為減輕省府負擔各機關興建眷舍之費用支出；第二、為避免往後管理分配之爭議問題，〔註98〕決定黎明新村之眷屬宿舍不再由政府分配，而是以輔助公務人員興建住宅貸款辦法辦理：〔註99〕

> 我們黎明社區的房子齁，跟中興新村不太一樣。我們是由員工這個
> 叫做貸款，由薪水扣的，中興新村是員工宿舍，退休要交還。這邊
> 是由我們住戶自己買的，從我們薪水分二十年扣完。所以跟中興新
> 村不大一樣。〔註100〕

貸款對象為第一期干城計畫自臺北搬遷至臺中編制內，且未配有公有宿舍之辦公人員，貸款金額包括建地地價及公共設施費用全額貸放，建地地價由省府及住戶共同分擔，而上述公共設施之興建費用則由該社區之住戶平均

〔註96〕「補助興建由台北搬遷台中各單位職員住宅計劃案」（1972 年 9 月 30 日），〈干城計劃（0058/019.24/6/5）〉，《臺灣省級機關》，國史館臺灣文獻館（原件：國家發展委員會檔案管理局），典藏號：0040192428741009。

〔註97〕「國宅會提為干城計畫集中興建臺中市黎明新村員工住宅聯建小組，尚有節餘工程管理費，截至本（六十七）年三月底止，連同其存款利息，計 1,639,787,42 元，擬請臺灣土地銀行臺中分行，以抵繳各戶貸款本息方式，全部退還各住戶。謹提請裁示。」（1978 年 5 月 8 日），〈02 首長會議〉，《臺灣省政府委員會議檔案》，國史館臺灣文獻館，典藏號：00502048807。

〔註98〕黎明新村，前黎明里里長、前社區發展協會會長、理事長，林茂生先生口述，鄒孟廷訪問，2022 年 10 月 21 日於臺中市南屯區黎明社區發展協會。內容：「本來是要像中興新村一樣啦！要蓋給他們住啦！退休就還啦！但是那個時候中興新村就有發生要趕走很不簡單啦！後來就乾脆蓋給你們住，分期付款，二十年後就給你們了。」

〔註99〕「送干城計劃簡報記錄」（1972 年 8 月 1 日），〈干城計劃（0058/019.24/6/5）〉，《臺灣省級機關》，國史館臺灣文獻館（原件：國家發展委員會檔案管理局），典藏號：0040192428741003。

〔註100〕黎明新村鄰長，許先生口述，鄒孟廷訪問，2022 年 10 月 21 日於黎明里活動中心。

分攤。黎明新村共 1,316 戶並以貸款方式協助員工興建，其產權歸屬員工所有，[註101]整體社區之建設經費為政府與居民一同分擔，該社區除了可被視為兩者合作所打造之現代新市鎮外，同時也象徵省府疏遷過程的正式完結。

（2）公共設施

社會處於 1972 年（民國 61 年）10 月 5 日邀集建設廳及臺中市政府有關單位協調討論黎明新村各項公共設施之規劃，其後由省府社會處、財政廳、臺灣土地銀行及臺中市政府共同進行籌備執行，更囊括了學校、市場、鄰里中心等公共設施之規劃，[註102]更滿足了興建一完整新市鎮之基本條件。由此可知當時省府嘗試以一個新市鎮社區之規格闢建黎明新村，此規劃構想與省府 1950 年代末期所興建的光復新村、中興新村兩宿舍群有明顯之共同點：

首先在道路方面，不僅將黎明新村內之主要道路規劃為六公尺以上，另外，干城街為黎明新村的環狀道路，呈馬蹄形圍繞著整個宿舍群，與懷德街、博愛路等皆為該宿舍群之重要道路，[註103]滿足社區居民之通勤用途及方便性。

圖 47：干城街（左）、懷德街（右）

來源：筆者拍攝，拍攝日期：2022 年 10 月 21 日。

[註101] 「接省府員工反映：黎明新村除黎明辦公區有關單位外，並有黎明國中、黎明國小暨大社區，尚缺乏游泳池，建請為黎明新村社區建一座游泳池。」（1985年 12 月 16 日），〈黎明事務〉，《國家發展委員會檔案管理局》，機關檔案目錄網（原件：國家發展委員會檔案管理局），典藏號：0074/FU516/1/1/016。

[註102] 「補助興建由台北搬遷台中各單位職員住宅計劃案」（1972 年 9 月 30 日），〈干城計劃（0058/019.24/6/5）〉，《臺灣省級機關》，國史館臺灣文獻館（原件：國家發展委員會檔案管理局），典藏號：0040192428741009。

[註103] 黎明新村住戶，馬太太 A 口述，鄒孟廷訪問，2022 年 10 月 27 日於楊太太住家。

圖 48：黎明新村臺中市區街道圖（1986）1：10000

來源：臺灣百年歷史地圖，https://gissrv4.sinica.edu.tw/gis/taichung.aspx，中央研究院地
理資訊科學研究專題中心，檢索日期：2022 年 5 月 2 日。

　　其次為自來水、水塔、雨水下水道、汙水處理系統及堤防等供水系統之規
劃，社會處於 1973 年（民國 62 年）7 月召集建設局、公共工程與臺中市政府
等執行疏遷工程之相關單位進行商討。其中汙水處理系統為社區內維持環境
整潔、防止水質惡化之重要設施，但原先省府的干城計畫特別預算因資金不
足，未編列新社區汙水下水道工程經費。〔註 104〕

　　其後在 7 月的會議中決議，辦公廳舍及員工住宅基地中的汙水管及雨水
管應分開設計，另外自來水公司為了因應該社區居民自來水供應需求及汙水
處理，於社區內設立服務所加以管理，而員工住宅之水塔屬於民生用水設備，
同樣交由自來水公司進行籌備。〔註 105〕

〔註 104〕「建議在干城計劃黎明新社區增建污水下水道案」（1973 年 5 月 18 日），〈干
　　　　　城計劃（0058/019.24/6/6）〉，《臺灣省級機關》，國史館臺灣文獻館（原件：國
　　　　　家發展委員會檔案管理局），典藏號：0040192428742008。

〔註 105〕「建設廳提為干城計畫省府在臺中市黎明社區內投資之自來水、下水道、汙
　　　　　水處理公共設施之維護，擬委請臺灣省自來水公司在該社區辦公廳預定地內
　　　　　設立服務所管理，其所需土地 1,800 坪，擬依本廳六十三年十二月十三日召
　　　　　開有關單位協調紀錄結論以償讓方式撥用，請核示。」（1975 年 3 月 31 日），
　　　　　〈臺灣省政府首長會議第 393 次會議〉，《臺灣省政府委員會議》，國史館臺
　　　　　灣文獻館（原件：國家發展委員會檔案管理局），典藏號：00502039307。

最後為因應社區居民實際生活需要，1975 年（民國 64 年）3 月省府建設廳在該社區之辦公廳舍工程即將完工後於會議中提出市場的設置，最終決議由臺中市政府社會處主辦並以公營合作市場方式，試圖運用一鄰里中心之居民消費者作為該市場之商閩。〔註 106〕以上公共設施包括道路、汙水下水道、車棚、球場、綠地、外水電、電話總機工程之闢建，整體工程包括辦公廳舍、公共設施於 1979 年（民國 68 年）6 月全部完工。〔註 107〕

3. 學校

黎明國中於 1966 年（民國 55 年）成立，該間學校最早為「臺中市立第八國民中學」，主要以臺中市立一中分部之名義招生，之後於 1968 年（民國 57 年）遷至臺中市南屯區現址，並定名為「臺中市立黎明國民中學。」〔註 108〕

圖 49：黎明國中

來源：筆者拍攝，拍攝日期：2022 年 10 月 21 日。

〔註 106〕「建設廳提出臺灣省政府干城計畫黎明社區員工宿舍即將完工，相關設施之安置問題乙案」（1975 年 3 月 31 日），〈臺灣省政府委員會議第 1282 次會議〉，《臺灣省政府委員會議》，國史館臺灣文獻館（原件：國家發展委員會檔案管理局），典藏號：00501128214。

〔註 107〕「住宅及都市發展局簽為辦理黎明計畫辦公廳舍等工程內容、施工進度、暨工程預算執行不足情形，以及黎明計畫聯繫協調會報決議追加工程規劃等項，敬請裁示。」（1980 年 5 月 26 日），〈臺灣省政府首長會議第 546 次會議〉，《臺灣省政府委員會議》，國史館臺灣文獻館（原件：國家發展委員會檔案管理局），典藏號：00502054604；孟祥瀚主持；國立中興大學編纂，《臺中市志·沿革志》（臺中市：臺中市政府，2008 年），頁 195。

〔註 108〕臺中市立黎明國民中學，https://lmjh.tc.edu.tw/p/426-1101-1.php?Lang=zh-tw，瀏覽日期：2022 年 5 月 14 日。

　　黎明國小則於 1975 年（民國 64 年）8 月創校。〔註109〕二間學校之地理位置緊鄰該社區，不僅提供該社區居民之子女就學需要，同時與上述公共設施之分布一同符合該社區自給自足之原則。

圖 50：由上圖順時針依序為：干城街與懷德街交叉口、
黎明公園、黎明體能活動中心、小康市場

來源：筆者拍攝，拍攝日期：2022 年 10 月 21 日。

　　綜上所述，起初黎明新村之所需基地因當時省府財政考量，故購買公有土地興建，之後運用貸款方式與居民共同負擔整體新市鎮之興建費用，如此一來不僅緩和當時省府財政問題，同時黎明新村居民則擁有屬於自己的房屋眷舍所有權以及土地產權，此點與省府先前所興建的光復、中興、長安與審計新村等省府宿舍不盡相同。

　　不過其社區規劃整體以干城街為核心，U 字形貫穿社區各街道，為該社區之主要道路與社區外的黎明路相接，居民可利用此主要幹道前往各目的地，

〔註109〕臺中市南屯區黎明國民小學，https://www.tc.edu.tw/page/d61c396e-63a3-4286-ac38-9874ac4092fe/school-content?id=760，瀏覽日期：2022 年 5 月 14 日。

縮短通勤時間。環境部分在員工住宅上運用綠地美化住家庭院；另外該社區之西側邊緣由黎明溝所環繞，該河流水質清澈、自然生態豐富，提供了黎明新村居民戶外空間之休閒選擇；〔註110〕其他再以活動中心、市場及學校等代表性公共設施，搭配區內主要幹道之聯絡，〔註111〕提供一鄰里中心居民生活機能之便利性與自足性，以下為黎明新村居民對於該宿舍群的規劃特色之看法：

> 我第一眼來看的時候，是民國七十年，我非常非常地喜歡。那時候生活圈還沒那麼方便。因為那個時候外面的商店都還很少，只有裡面有市場、圖書館、還有球場。我家有兩個兒子嘛，當然就希望他們有活動的空間嘛！所以那時候就決定要買這邊！〔註112〕

> 它（黎明新村）有個特色就是樹木很多、公園很多，這個對居民來講是一個良好的居住環境。以交通來講，黎明新村裡面是很方便，要到高速公路、快速道路幾分鐘而已，我想會帶動房價。住在這邊的，安靜、公園化，然後交通又很方便，整個規劃都很不錯！〔註113〕

> 蓋起這個社區來之後，有市場、有銀行、有圖書館、有學校，整個一起規劃，雖然旁邊都稻田，不過社區整個生活機能都相當方便。〔註114〕

　　黎明新村之辦公住宅分區原則不僅與中興新村相似，同時整體社區籌備與光復、中興新村兩宿舍群相同呈現了自給自足之生活型態，諸如道路設計、公共設施的分布、戶外空間與綠地之可及性與鄰里單元之生活方式，皆延續了英國田園城市、第一代新市鎮之衛生、社會平衡與自足性的規劃理念。

〔註110〕〈黎明溝改暗溝居民搶救〉，《聯合報》，2010年1月24日，第B1版。

〔註111〕「檢附商討干城計劃黎明路拓寬工程及黎明新社區之主要公共設施興建問題會議記錄」（1973年8月27日），〈干城計劃（0058/019.24/6/6）〉，《臺灣省級機關》，國史館臺灣文獻館（原件：國家發展委員會檔案管理局），典藏號：0040192428742012。

〔註112〕黎明新村住戶，汪太太口述，鄒孟廷訪問，2022年10月21日於黎明里活動中心。

〔註113〕黎明新村福德宮，陳主委口述，鄒孟廷訪問，2022年10月21日於臺中市福德宮。

〔註114〕黎明新村住戶，涂太太口述，鄒孟廷訪問，2022年10月27日於楊太太住家。

第五章　中央政策下的遷村與保存

　　臺灣省政府五大宿舍群，在省府運作期間除了扮演行政機關辦公地及眷屬居住地的角色外，其中光復新村、中興新村更將劉永楙所帶回的英國新市鎮概念徹底實踐，不過在 1990 年代由於中央所發布的政策、天然災害的發生卻使各宿舍群面臨不同的考驗，見下表 11：

表 11：政策發布時間表

1996 年（民國 85 年）	臺灣舉行第一次總統民選。
1998 年（民國 87 年）	發布「臺灣省政府功能業務與組織調整暫行條例」，同年 12 月 21 日正式實行精省。
1999 年（民國 88 年）	省府組織架構改制為六組五室二會及二附屬機關，同年 9 月發生九二一地震。
2002 年（民國 91 年）	研擬中興新村整體規劃方案。
2003 年（民國 92 年）	行政院訂定「國有宿舍及眷舍房地加強處理方案」。
2012 年（民國 101 年）	立法院通過國有財產修正案。
2014 年（民國 103 年）	臺中市政府推動「摘星計畫」。

來源：整理自《臺灣省政府委員會議檔案》、《聯合報》。

　　本章以精省後五大宿舍群之發展作為主軸，時間斷限以 1990 年代末至 2022 年（民國 111 年）並搭配上表 11 之政策為主，試圖探討以上政策對於各宿舍群造成何種程度的影響？全章分成三個部分：首先為臺灣省政府功能業務與組織調整，呈現省府機關於該政策之發布下所導致原行政機關裁併、人員調配的情形；其次為眷舍房地之處理與運用，在精省、九二一地震以及眷舍房

地政策的公告下，中央對於五大宿舍群之運用有何措置？最後為五大宿舍群之現況，在中央政策的發布以及眷舍房地處理後，五大宿舍群依照各自的地理位置與人文環境，又該如何在政治、經濟、社會、文化等瞬息萬變的處境下面對各自的考驗？並搭配省府宿舍之歷史底蘊，共同保存戰後臺灣省政府疏遷過程之歷史記憶。

第一節　臺灣省政府功能業務與組織調整

　　1947 年（民國 36 年）臺灣省政府正式成立，該單位在中華民國政府尚未遷臺前，被視為臺灣最高的行政機關並受行政院所管轄。1996 年（民國 85 年）臺灣舉行第一次的總統民選，〔註1〕此舉卻導致省長與總統兩個職權孰輕孰重的問題，政治運作將會面臨衝突，同時其管轄範圍、行政區劃與功能業務高度重疊也造成行政資源之浪費。〔註2〕為解決上述問題，1997 年（民國 86 年）7月 19 日行政院研考會召集相關部會討論「臺灣省政府功能業務與組織調整委員會」之組織架構，〔註3〕7 月 21 日時任總統李登輝修正中華民國憲法增修條文，通過精簡省府組織修憲案，〔註4〕開始進行臺灣省政府功能業務與組織調整（以下簡稱精省），降低行政區劃階級並免除省府原有的地方自治功能。〔註5〕

　　為有效實施精省制度，1998 年（民國 87 年）10 月發布「臺灣省政府功能業務與組織調整暫行條例」，根據條例中內容的第二條：「省府受行政院指揮監督，辦理縣（市）自治事項、執行省府行政事務及其他行政院交辦事項。」第四條：「省政府與其所屬機關（構）或學校，依其職權業務調整情形，予以精簡、整併、改隸、改制、裁撤或移轉民營。」〔註6〕以上條文內容，不僅削弱原本象

〔註 1〕　高明士主編、洪麗完等編著，《臺灣史》，頁 284。
〔註 2〕　立法院國會圖書館，《精省》（臺北市：立法院國會圖書館，1999 年），頁 6、237。
〔註 3〕　研考會全名為研究發展考核委員會，黃大洲擔任該會之主任委員。參見〈政院凍省機器動了省府沒人去開會〉，《聯合晚報》，1997 年 7 月 19 日，第 2 版；〈精簡省府下週發動〉，《聯合報》，1997 年 7 月 26 日，第 2 版。
〔註 4〕　〈公投入憲比社會權入憲重要〉，《聯合報》，1997 年 7 月 22 日，第 2 版。
〔註 5〕　〈二級行政區準一級機構〉，《聯合報》，1996 年 11 月 7 日，第 11 版。
〔註 6〕　「人事處簽為第一階段精省作業處理情形，報請公鑒。」（1999 年 6 月 28 日），〈臺灣省政府委員及首長會議第 24 次會議〉，《臺灣省政府委員會議》，國史館臺灣文獻館（原件：國家發展委員會檔案管理局），典藏號：00504002406；〈精省後功能執掌省府中央達多項共識〉，《聯合報》，1998 年 7 月 4 日，第 9 版。

徵地方的臺灣省政府之功能職權，同時該行政單位組織面臨大幅度的精簡化。

同年 12 月，省府積極檢討各廳處會與中央各機關之業務權責劃分、組織架構及員額配置等事宜，擬設置「臺灣省政府精省作業專案小組」，審議省與中央業務權責劃分、組織架構及員額配置調整事宜等事項，其他有關本府業務與組織調整之審議事項等為此小組之主要任務，〔註7〕且為了順利推動精省各項調整作業，以達成落實政府再造的目標，該小組搭配行政院「臺灣省政府功能業務與組織調整委員會」之規劃開始進行精省作業並分三個階段：

表 12：精省作業三個階段

1998 年（民國 87 年）12 月 21 日至 1999 年（民國 88 年）6 月底	省府各廳處會等組織暫時維持現狀，由省主席負責完成過渡期間預算處理、組織調整移撥規劃、法制作業、員工權益保障事宜等工作。
1999 年（民國 88 年）7 月 1 日至 2000 年（民國 89 年）底	逐步完成省府功能業務與組織及員額調整、移撥作業、訂定省政府組織規程草案。
2001 年（民國 90 年）1 月 1 日起	回歸至「地方制度法」的規範。

來源：「人事處簽為第一階段精省作業處理情形，報請公鑒」（1999 年 6 月 28 日），〈臺灣省政府委員及首長會議第 24 次會議〉，《臺灣省政府委員會議》，國史館臺灣文獻館（原件：國家發展委員會檔案管理局），典藏號：00504002406。

臺灣自 1998 年（民國 87 年）底開始實施精省後，透過上表 12 之作業程序陸續將臺灣省政府之行政地位與權力大大縮減。對此除了各自象徵中央與地方的行政院與臺灣省政府兩機關職權有明確劃分之外，同時也間接影響省府原有的人員與機關調配。

一、人員調配

關於省府員工安置問題，最早於 1996 年（民國 85 年）12 月國家發展委員會決議「凍結省自治選舉」後，省府員工的就業問題陸續受到重視。隔年 1 月內政部邀請相關部會針對該問題進行討論，並決議未來省府人員在原所屬機關之業務精簡後，可參考各人員專長、志願移撥至其他機關進行安置。〔註8〕

其後，為因應精省，省府對於業務量的支配與裁減有所舉措，首先於 1997

〔註 7〕 「人事處簽為擬訂定『臺灣省政府精省作業專案小組設置要點』案，報請公鑒。」（1998 年 12 月 28 日），〈臺灣省政府委員及首長會議第 2 次會議〉，《臺灣省政府委員會議》，國史館臺灣文獻館（原件：國家發展委員會檔案管理局），典藏號：00504000205。

〔註 8〕 〈凍省之後省府人員將隨業務移撥〉，《聯合報》，1997 年 1 月 8 日，第 1 版。

年（民國 86 年）3 月擬妥行政組織精簡方案，預期省府業務及工作量在精省的規畫調整後將會縮減三成，對此將有約兩萬多名員工、工友及約聘僱人員將會面臨退休或資遣的困境，〔註9〕以下為《聯合報》報導當時之情況：

> 省府員工再度陷入忐忑不安的情緒，士氣大為低落，不但參與決策的主管人員，意興闌珊，碰面時還打趣說：「快凍省了，還搞什麼碗糕？」中低層省府官員則開始留意自己出路，也無心公務。〔註10〕

以上消息傳出後，同年 7 月起部分已確定將遭裁併之人員已開始至中央各部會求職，〔註11〕另一部分則轉任至別的縣市或辦理退休。〔註12〕其次，於1998 年（民國 87 年）12 月起開始進行精省第一階段期間，省府完成組織員額調整作業手冊、功能業務與組織計畫書，以利業務承接與人員之移撥安置。〔註13〕再者，於 1999 年（民國 88 年）6 月 10 日至 17 日召開審查會議，提報行政院討論通過包括各部會中部辦公室設置要點、暫行組織規程及暫行編制表，開始進行組織精簡、整併、改隸、裁撤等工作及人員安置。

最後為了配合精省，省府員工的借住管理方式也有所更動，1999 年（民國 88 年）7 月 1 日公共事務管理組成立，由原公共事務管理處改制，負責處理省級員工合法續（借）住之公用宿舍問題。

關於其借住管理方式，首長宿舍依各單位之實際需求作彈性調配；職務宿舍及單身宿舍為現職人員辦理退休或資遣時，應於退休、資遣後六個月內遷出，如因機關裁撤或業務移撥因素而受影響之人員，則須於調職後的三個月內遷出；眷屬宿舍可分為已退休及現職人員兩種，前者可合法續住至宿舍處理時為止；後者如因機關裁撤或業務移撥其他機關，其眷屬可續住至該宿舍處理為止，不過如移撥至其他機關後經調職或離職，則規定須於三個月內遷出。〔註14〕省府之辦公人員在實施精省後，除了面臨資遣與調職之情況外，以上借住管理辦法的執行實質也造成省府原就業人口逐漸外流之情形。

〔註9〕 〈省府擬妥精簡方案〉，《經濟日報》，1997 年 7 月 17 日，第 2 版。

〔註10〕 〈省府員工三聲無奈〉，《聯合晚報》，1997 年 6 月 29 日，第 5 版。

〔註11〕 〈省屬業務回歸中央部會消化不良〉，《經濟日報》，1997 年 7 月 18 日，第 2 版。

〔註12〕 〈省府擬妥精簡方案〉，《經濟日報》，1997 年 7 月 17 日，第 2 版。

〔註13〕 「人事處簽為第一階段精省作業處理情形，報請公鑒。」（1999 年 6 月 28 日），〈臺灣省政府委員及首長會議第 24 次會議〉，《臺灣省政府委員會議》，國史館臺灣文獻館（原件：國家發展委員會檔案管理局），典藏號：00504002406。

〔註14〕 中興新村辦公人員（中興新村活化專案辦公室，綜合企劃組組長），劉玫蘭小姐口述，鄒孟廷訪問，2022 年 10 月 28 日於中興新村省府大樓。

二、機關調整

　　1998 年（民國 87 年）12 月實行精省第一階段期間，省府與行政院協商過程中除了擬定人員安置問題外，也完成了關於省府組織調整的計畫書。其後 1999 年（民國 88 年）6 月 24 日「臺灣省政府暫行組織規程」於行政院會討論過後，省府所屬機關則分別裁併或改隸至行政院各相關部會之中部辦公室或第二辦公室，〔註 15〕參見圖 51：

圖 51：臺灣省政府組織調整示意圖

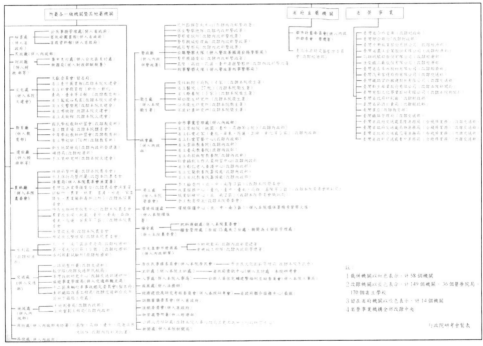

來源：紀俊辰，《精省與新地方制度——始末・設計・發展系論——》（臺北市：時英出版，1999 年），頁 206～208。

　　省府組織調整後共有 59 個機關進行裁併；149 個機關、36 個醫療院局、170 個省立學校、省營事業機構改隸至中央。〔註 16〕其中，裁併或改隸方面以

〔註 15〕「副秘書長黃癸楠簽為精省後省府辦理重要業務及未來工作重點報請公鑒案。」（1999 年 12 月 17 日），〈臺灣省政府委員會議及主管會報第 9 次會議〉，《臺灣省政府委員會議》，國史館臺灣文獻館（原件：國家發展委員會檔案管理局），典藏號：00513000905。

〔註 16〕「人事處簽為第一階段精省作業處理情形，報請公鑒。」（1999 年 6 月 28 日），〈臺灣省政府委員及首長會議第 24 次會議〉，《臺灣省政府委員會議》，國史館臺灣文獻館（原件：國家發展委員會檔案管理局），典藏號：00504002406。

行政院中部辦公室持續運轉，[註17]續存省府機關則進行改制，根據「臺灣省政府暫行組織規程」中之第五條內容為六組五室二會及二附屬機關，[註18]見圖 52：

圖 52：臺灣省政府組織運作架構

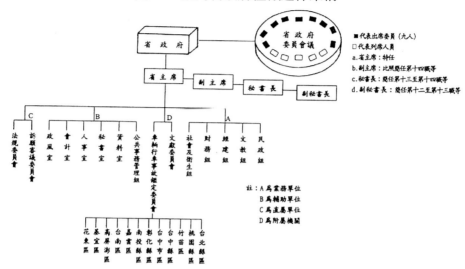

來源：紀俊辰，《精省與新地方制度——始末．設計．發展系論——》，頁 181。

六組五會二室分別為業務單位、輔助單位及直屬單位暫行員額 476 人，合理員額為 285 人，而文獻委員會及車輛行車事故鑑定委員會（十二區）為附屬機關，員額分別為 44 人及 42 人。[註19]在省府組織架構的演變下，省府原六廳十九處四會，在實行精省政策後卻裁併為六組五會二室，使省府員工職務調動甚至變換工作地點之情況下，就業機會減少，加上省府宿舍借住管理辦法之實施，導致人口移出、流失情況愈趨明顯，相對地造成建構一新市鎮之基本條件的市場、學校等公共設施之服務需求降低，更加速省府宿舍群的沒落。[註20]

〔註17〕〈精省第二階段組織架構浮現〉，《聯合報》，1999 年 4 月 3 日，第 4 版。
〔註18〕紀俊辰，《精省與新地方制度——始末．設計．發展系論——》，頁 179～180。
〔註19〕「人事處簽為第一階段精省作業處理情形，報請公鑒。」（1999 年 6 月 28 日），〈臺灣省政府委員及首長會議第 24 次會議〉，《臺灣省政府委員會議》，國史館臺灣文獻館（原件：國家發展委員會檔案管理局），典藏號：00504002406。
〔註20〕中興新村在地商家，合宏眼鏡咖啡館口述，鄒孟廷訪問，2022 年 10 月 28 日於合宏眼鏡咖啡館。內容：「其實我剛來這邊到現在已經三十年，這個過程當中，我們也經過精省之後，然後又加上地震，會影響到整個中興新村，為什麼？因為中興新村整個沒落了，人潮就越來越少，對我們店家來講這是最實際面的。」〈省精了房價跌了住的問題讓人心痛〉，《聯合報》，1998 年 10 月 11 日，第 3 版。

第二節　眷舍房地之利用與處理

　　省府實施精省後，在組織調整與裁併下導致人員面臨出走、宿舍人口外流等情形。不過，關於其眷舍房地之處理最早於 1970 年代省府為了提高土地價值、解決老舊失修等問題，已陸續制定眷舍房地之相關政策，並針對其進行規畫改建與標售等措施。日後 1990 年代精省制度的實施、九二一大地震的衝擊無疑使空置宿舍日漸增多，最後在 2000 年代行政院清查處理國有老舊、閒置眷舍之情況下，更直接影響五大宿舍群之發展走向。

一、公共事務管理組的職責

　　1999 年（民國 88 年）7 月 1 日，為了配合省府功能業務與組織調整，省府公共事務管理處改制為公共事務管理組。該組之職責除了上一節提及處理宿舍借住管理方式外，可分成兩項：第一、經管中興新村、光復新村、審計新村、長安新村及黎明辦公區等中部地區公用宿舍之營繕、環境、衛生與交通等事項；辦公大樓及公共設施的分配使用；汙水管線改善及行道樹、庭園植物之種植及樹種維護等。〔註21〕此外在九二一大地震發生後，省府所經管之辦公廳舍、公有宿舍及公共設施亦嚴重受損，該組即接洽由國軍部隊協助拆除、清運工作。〔註22〕

　　第二、當時考量上述省府宿舍群之土地、建物產權如無一標準單位進行管理，往後可能會發生土地、建物分割細碎之情形，因此暫時以臺灣省政府名義統一管理。〔註23〕除了可避免影響日後借用人之權益外，也可提升整體規劃管理之方便性與可行性。公共事務管理組之職責不僅包括以上各宿舍群公共設施的維護、庶務處理及九二一地震發生後的救災、安置與復建情形，同時執掌省府土地、建物之產權，為總理宿舍各項事務的重要單位。

〔註21〕「公共事務管理組簽為擬修正「臺灣省政府公用宿舍借用及管理要點」，提請討論。」（2003 年 8 月 22 日），〈臺灣省政府委員會議及主管會報聯席會議第43 次會議〉，《臺灣省政府委員會議》，國史館臺灣文獻館（原件：國家發展委員會檔案管理局），典藏號：00506004312。

〔註22〕「公共事務管理組簽為業務推動概況及未來工作重點報請公鑒案。」（2000 年1 月 24 日），〈臺灣省政府主管會報第 8 次會議〉，《臺灣省政府委員會議》，國史館臺灣文獻館（原件：國家發展委員會檔案管理局），典藏號：00505000806。

〔註23〕「公共事務管理組簽為該組重要公務事務工作報請公鑒案。」（1999 年 7 月 9日），〈臺灣省政府主管會報第 1 次會議〉，《臺灣省政府委員會議》，國史館臺灣文獻館（原件：國家發展委員會檔案管理局），典藏號：00505000105。

二、行政機關之利用情形

除了以上公共事務管理處改制為公共事務管理組外，從上圖 51 可以發現，精省後省府的所屬機關也面臨大幅度的調整。省府除了六組五室二會及二附屬機關之外，原有的廳、處、會等機關可分成兩個部分：一為原省府機關之業務歸併於中央並成立中部辦公室；二為其業務直接改隸於中央各部會。以上機關無論是歸併或改隸，省府對其辦公位置經討論後，決議以現址作為優先。〔註24〕因此在辦公地址不變更之情況下，位於中興新村與黎明新村之行政機關仍持續運作，下圖 53 為中興新村的第一行政辦公區：

（一）中興新村

圖 53：行政院各部會處局署中部辦公室設置地點（一）

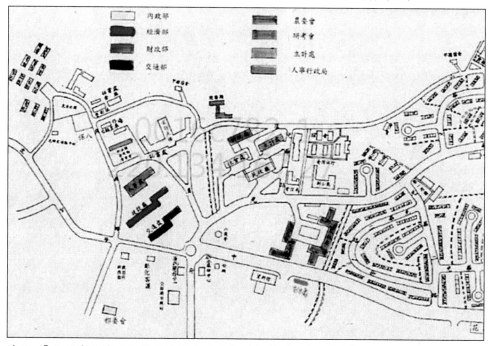

來源：「公共事務管理組簽為臺灣省政府組織調整後，中興新村及黎明辦公區辦公處所設置調配事宜報請公鑒案。」（1999 年 7 月 5 日），〈臺灣省政府委員會議及主管會報第 1 次會議〉，《臺灣省政府委員會議》，國史館臺灣文獻館（原件：國家發展委員會檔案管理局），典藏號：00513000106。

〔註24〕「公共事務管理組簽為臺灣省政府組織調整後，中興新村及黎明辦公區辦公處所設置調配事宜報請公鑒案。」（1999 年 7 月 5 日），〈臺灣省政府委員會議及主管會報第 1 次會議〉，《臺灣省政府委員會議》，國史館臺灣文獻館（原件：國家發展委員會檔案管理局），典藏號：00513000106。

上圖 53 為中興新村的行政辦公區，包括內政部、經濟部、財政部、交通部、行政院農業委員會、研考會、主計處與人事行政局之中部辦公室。除此之外，省府的六組五室二會及二附屬機關中，有部分機關同樣位於此區可分成兩部分：首先財務組及五室集中在省府大樓；其次，民政、文教、經建、社會及衛生等組，則集中在省府大樓右後方的保警第八大隊辦公室辦公。〔註25〕下圖 54 則為中興新村的第三鄰里單元與第二行政辦公區：

圖 54：行政院各部會處局署中部辦公室設置地點（二）

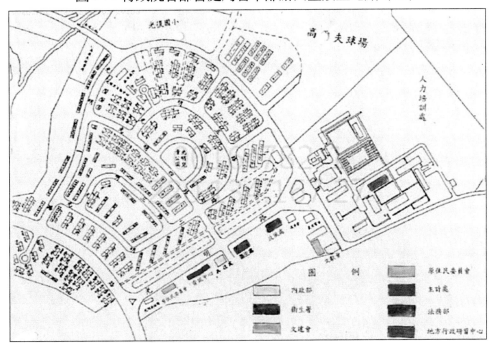

來源：「公共事務管理組簽為臺灣省政府組織調整後，中興新村及黎明辦公區辦公處所設置調配事宜報請公鑒案。」（1999 年 7 月 5 日），〈臺灣省政府委員會議及主管會報第 1 次會議〉，《臺灣省政府委員會議》，國史館臺灣文獻館（原件：國家發展委員會檔案管理局），典藏號：00513000106。

機關單位則集中於上圖右下側的第二行政辦公區包括內政部、行政院衛生署、文化建設委員會、原住民委員會、主計處、法務部之中部辦公室等，詳細地址參見附錄 8、附錄 9。

〔註25〕「公共事務管理組簽為臺灣省政府組織調整後，中興新村及黎明辦公區辦公處所設置調配事宜報請公鑒案。」（1999 年 7 月 5 日），〈臺灣省政府委員會議及主管會報第 1 次會議〉，《臺灣省政府委員會議》，國史館臺灣文獻館（原件：國家發展委員會檔案管理局），典藏號：00513000106。

精省後的中興新村，原有的辦公廳舍土地皆提供予以上機關所利用，不過至九二一地震後，因該宿舍群嚴重受損被行政院重建委員會列為重點指標。自2000 年代起，中央及地方各機關對於中興新村陸續提出許多振興該沒落宿舍群的方案。

其中在眷舍房地處理方面，2002 年（民國 91 年）10 月國家資產經營管理委員會研擬中興新村整體規劃構想方案，考量其特殊人文歷史意義，決議將此省府宿舍之現有設施、人文風貌等以專案保留方式處理，如運用妥當且提供產業或設施使用，〔註26〕對於中興新村之整體規劃將大有益處。

（二）黎明新村

精省後，黎明新村與中興新村同樣在組織調整作業原則之決議下，其辦公地址同樣以現址作為優先。下圖 55 為黎明新村行政機關之分布圖：

圖 55：黎明辦公區機關用地各單位分佈圖

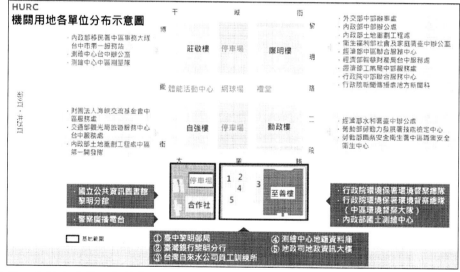

來源：繪製自「黎明新村都市更新案及高雄自來水廠宿舍案研商會議」（2010 年 11 月 26 日），〈黎明新村都市更新案及高雄自來水廠宿舍案研商會議案〉，《行政院》，機關檔案目錄網（原件：內政部），檔號：109-F060199-00010ED01-290，繪製日期：2022 年 5 月 13 日。

〔註26〕「公共事務管理組簽為行政院訂定「國有宿舍及眷舍房地加強處理方案」有關臺灣省政府經管之眷舍房地配合辦理情形，報請公鑒。」（2003 年 12 月 17 日），〈臺灣省政府委員會議及主管會報聯席會議第 48 次會議〉，《臺灣省政府委員會議》，國史館臺灣文獻館（原件：國家發展委員會檔案管理局），典藏號：00506004806。

上圖 55 為黎明辦公區，根據其分布狀況可分成兩個部分：首先地政資訊大樓、測量圖庫、國立公共資訊圖書館黎明分館及警察廣播電臺，四棟皆為獨棟且由單一機關使用則由現使用機關辦理撥用；其餘，包括內政部、行政院環保署、勞委會之中部辦公室，以及其他改隸或歸併至中央各部會者，皆分布於該宿舍群內的廉明樓、勤政樓、至善樓、莊敬樓與自強樓等建築，且因不同機關進駐不同樓層，則按照各單位佔大樓地板面積比例進行分配撥用。〔註27〕

1990 年代中興新村、黎明新村內的行政機關單位在精省後組織精簡之情況下，雖導致辦公人員外流、就業機會減少，但原省府機關仍透過裁併或直接改隸持續運作。從上圖 53、圖 54、圖 55 可以發現，中興新村與黎明新村內之辦公區照樣為戰後臺灣行政機關的辦公地點，另在住宅區方面，中興新村則以專案保留的方式，未來可以提供予各產業機關使用落實其整體規劃方案；黎明新村則承第四章第三節所提及，其住宅區為輔助公務人員興建住宅貸款辦法辦理，是以黎明新村之住宅區為該宿舍群之居民所持有，現今為公職人員的住宅區。

（三）光復新村、長安新村、審計新村

五大宿舍群除了以上中興新村、黎明新村由行政機關持續運作外，2002年（民國 91 年）10 月，行政院人事行政局與財政部針對光復新村、長安新村、審計新村在移撥問題部分決議由直接使用機關辦理撥用接管，〔註 28〕且需請省府製作完整房地資料冊給予直接使用機關，並依程序辦理撥用並順利接管。〔註 29〕管理單位由省府的公共事務管理組轉換為欲使用各宿舍之直接使用機關，參見表 13：

〔註27〕「檢送研商臺灣省政府經管黎明辦公區內不動產，移由各直接使用機關管理事宜會議紀錄乙份，其需貴單位辦理事項，請依會商結論辦理，請查照。」（2002 年 11 月 4 日），《財政部國有財產署中區分署》，機關檔案目錄網（原件：財政部國有財產署中區分署），典藏號：0091/0199/0000/0006/018。

〔註28〕「有關臺中縣光復新村、臺中市長安新村及審計新村中、大型宿舍區之眷屬宿舍處理方式，請貴局統籌研議，俾供各使用接管機關憑辦，請查照。」（2003 年 9 月 19 日），〈代管省有房地管理租售〉，《臺中市政府財政局》，機關檔案目錄網（原件：臺中市政府財政局），典藏號：0092/B021204/1/0005/023。

〔註29〕「檢送本局研商臺灣省政府經管光復新村、長安新村、審計新村宿舍移撥問題會議紀錄一份。」（2002 年 10 月 15 日），《審計部教育農林審計處》，機關檔案目錄網（原件：審計部教育農林審計處），典藏號：092/0605/0001/0001/030。

表 13：光復、長安、審計新村直接使用機關移撥表

光復新村	教育部、交通部、臺中縣政府、衛生署、行政院人事行政局、行政院主計處、行政院新聞局、行政院環保署、行政院人事行政局地方行政研習中心、內政部、財政部國有財產局、內政部警政署保安警察第四總隊、臺中縣霧峰鄉公所
長安新村	交通部民航局、行政院農委會水保局、行政院新聞局、審計部教育農林審計處、行政院農委會、內政部警政署、經濟部、行政院原住民族委員會、教育部、財政部國有財產局、臺中市政府
審計新村	審計部教育農林審計處、行政院新聞局、行政院人事行政局地方行政研習中心、臺中市政府

來源：「檢送本局續商臺灣省政府經管光復新村、長安新村、審計新村宿舍移撥問題及其眷舍處理方式會議紀錄」（2003 年 10 月 30 日），《內政部》，機關檔案目錄網（原件：內政部），典藏號：092/FA102003/001/0002/016。

　　以上三個宿舍群之宿舍管理機關變更後，考量光復新村內除了公用宿舍外，尚有市場與學校等公共設施的維護，因此決議公共設施由各使用機關組成委員會共同管理。之後，在中央發布的「國有宿舍及眷舍房地加強處理方案」下，對於眷舍房地之處理又有不同的措置。

三、專案保留、騰空標售

　　2003 年（民國 92 年）7 月 10 日，行政院訂定國有宿舍及眷舍房地加強處理方案，主要目的為：「全面清查處理國有老舊眷舍及閒置或低度利用之首長宿舍，以改善市容，美化都市景觀，促進土地合理利用。」此方案對於五大宿舍群之發展具有關鍵性。至於為何行政院在 2000 年代初須制定該法加強眷舍房地之處理？主要有下列兩個原因：

　　第一、在省府宿舍方面，光復新村、長安新村與審計新村之移撥作業進行程序中，部分機關處理進度稍緩；〔註30〕第二、行政院希望加速處理無須保留公用之房地，可以充實中央公務人員購置住宅貸款基金之收益，用以提升國家資產運用效率，是以省府為順利配合行政院頒佈上述方案之進行，由公共事務管理組負責執行，除了派遣相關人員研討法規流程外，於 2004 年（民國 93 年）8 月 4 日成立專業工作小組全面調查眷屬宿舍之居住現況，逐戶申領與

〔註30〕「有關臺中縣光復新村、臺中市長安新村及審計新村中、大型宿舍區之眷屬宿舍處理方式，請貴局統籌研議，俾供各使用接管機關憑辦，請查照。」（2003年 9 月 18 日），〈國家資產經營管理委員會〉，《財政部國有財產署》，機關檔案目錄網（原件：財政部國有財產署），典藏號：0092/1221/0257/0020/003。

查對最新戶籍資料。

　　此時，身為省府宿舍群同樣也需列入調查名單，惟該法執行對象為眷屬宿舍的房地，並無包含職務宿舍。因此省府宿舍群因該筆土地或連棟建築物同時包含「眷屬宿舍」與「職務宿舍」相對複雜無法統一依此方案執行，如將該宿舍群內之眷屬宿舍部分進行標售，亦影響該宿舍群內其他公有土地之權益。〔註31〕因此關於省府宿舍群之處理，則須額外經相關單位評估，並且依照各宿舍群之整體現況並配合各直接使用機關之意見，訂定專案處理或騰空標售等，騰空標售的處理方式，根據該方案內容為：「眷舍房地應由管理機關負責收回騰空，層報行政院核定處理方式後，點交國產局標售。」

　　如前所述，中興新村於 2002 年（民國 91 年）早已針對其未來發展召開相關會議，核定全部專案保留，〔註32〕隔年 10 月時任行政院副院長林信義指示該宿舍群正式排除在「騰空標售」之列；〔註33〕長安新村、審計新村則於 2004 年（民國 93 年）5 月 24 日由行政院新聞局、審計部教育農林審計處各自之使用機關決議並負責收回騰空、層報行政院核定騰空標售後，再交由財政部國家財產局辦理標售；〔註34〕隔年，光復新村亦被核定於騰空標售。〔註35〕因此依以上中央陸續頒布之政策，省府宿舍群中除了正運行的中興新村與黎明新村外，其餘光復新村、長安新村與審計新村等皆走上騰空標售的命運。

第三節　五大宿舍群之現況差異

　　中央實行精省後，行政院於 2000 年代初對於省府宿舍群進行不同措置。

〔註31〕「公共事務管理組簽為行政院訂定「國有宿舍及眷舍房地加強處理方案」有關臺灣省政府經管之眷舍房地配合辦理情形，報請公鑒。」（2003 年 12 月 17 日），〈臺灣省政府委員會議及主管會報聯席會議第 48 次會議〉，《臺灣省政府委員會議》，國史館臺灣文獻館（原件：國家發展委員會檔案管理局），典藏號：00506004806。

〔註32〕「續商臺灣省政府經管光復新村、長安新村、審計新村宿舍移撥問題及其眷舍處理方式。」（2003 年 10 月 13 日），《財政部國有財產署》，機關檔案目錄網（原件：財政部國有財產署），典藏號：0092/1528/0081/0001/003。

〔註33〕〈中興新村眷舍保住了〉，《聯合報》，2003 年 9 月 19 日，第 B2 版。

〔註34〕「有關貴府經管臺中市長安新村、審計新村及臺中縣光復新村等地區公有宿舍房地，請協助尚未完成撥用程序之使用機關辦理撥用乙案，復請查照。」（2004 年 8 月 31 日），〈縣有非公用房地租售〉，《臺中市政府財政局》，機關檔案目錄網（原件：臺中市政府財政局），典藏號：0093/B021202/1/0006/018。

〔註35〕〈臺灣首座下水道怕被怪手碾碎〉，《聯合報》，2009 年 6 月 28 日，第 A12 版。

光復新村、長安新村與審計新村核定騰空標售；中興新村與黎明新村在精省後，在機關裁併或歸屬下仍然為臺灣戰後重要行政機關的辦公地點。以上五個省府宿舍群之結局看似隨著臺灣省政府精簡後而畫下句點，但其實他們的故事仍尚未完結，而是以各宿舍群之特色搭配社會時事繼續敘述下去。

一、文化保存與復甦：光復新村、審計新村

（一）光復新村

1. 騰空標售政策→國有財產法修正案

除了中央發布精省後省府機關的裁撤、眷舍房地之騰空標售外，天然災害同樣為光復新村沒落因素之一：1999 年（民國 88 年）九二一大地震的發生重創中臺灣地區，光復新村經鑑定後全倒 27 戶、半倒 2 戶、單舍全倒 4 棟。〔註 36〕震災發生後不單衝擊當地居民之生活環境，此時在精省制度的實行下，也呈現維修經費不足之問題。

其後該宿舍群於 2005 年（民國 94 年）被核定騰空標售，2008 年（民國 97 年）11 月底正式執行並核定分 28 批，最早一批於隔年 2 月初騰空，該村 261 戶住戶必須在 3 個月內搬遷，〔註 37〕騰空後則將其點交予財政部國有財產署進行標售，欲將此官方社區進行拆除與遷村。以上 1990 年代末的精省、九二一地震與 2000 年代的騰空標售，不僅重創當地經濟、環境，同時也讓該宿舍群青年人口外流之情形日益嚴重。

不過就在光復新村執行騰空標售後，2012 年（民國 101 年）中央政策出現轉折，立法院三讀通過國有財產法修正案，明訂國有 500 坪以上空地不得標售，因此光復新村被臺中市文化局指定保存。〔註 38〕在地方人士的爭取與中央政策的轉變下，為曾經風光一時之省府文化資產找尋新的定位繼續發展。

2. 九二一地震教育園區、文化景觀、摘星計畫

光復新村的文化保存可以分三個部分：

首先為九二一地震教育園區，前身為光復國中，受到九二一地震的影響，

〔註 36〕「公共事務管理組簽為業務推動概況及未來工作重點報請公鑒案。」（2000 年 1 月 24 日），〈臺灣省政府主管會報第 8 次會議〉，《臺灣省政府委員會議》，國史館臺灣文獻館（原件：國家發展委員會檔案管理局），典藏號：00505000806。

〔註 37〕〈霧峰光復新村標售地方不捨〉，《聯合報》，2009 年 1 月 8 日，第 C1 版。

〔註 38〕〈歷經 12 年光復新村有新未來〉，《聯合報》，2012 年 1 月 1 日，第 B2 版。

該校舍幾乎全塌、操場受車籠埔斷層擠壓隆起而成為災後指標地點。〔註39〕因此政府提出將光復國中之舊址改建為地震博物館，〔註40〕為了配合該館興建，計畫將光復國中對面之光復國小遷校，〔註41〕欲用觀光的方式來活化因受震災所重創當地的經濟與環境。不過當地居民卻持反對意見，除了認為該建設應讓地方共同參與外，也包括憂心遊客太多、工程進行將會影響當地的生活環境等因素。〔註42〕

　　其後中央與民間進行溝通與討論，例如：中央希望比擬日本的北淡博物館，在阪神大地震後讓當地居民參與博物館之管理與解說等；〔註43〕民間則提出博物館完工後，應交由地方經營，另外部分居民認為雖然遊客會帶來治安與髒亂問題，不過霧峰經精省、九二一地震後，經濟蕭條、衰敗，如興建博物館將可為該地區帶來商機。〔註44〕之後於 2001 年（民國 90 年）正式定名為九二一地震教育園區，〔註45〕開始進行工程的規劃並分為三期，同年 9 月 21 日辦理為期一個月之紀念特展活動，〔註46〕並於 2004 年（民國 93 年）9 月 21 日完工開放。〔註47〕

　　其次則是文化景觀，自行政院核定該區騰空標售之後，劉永楙之子劉可

〔註39〕〈人是物非何處另築新家〉，《聯合報》，1999 年 9 月 28 日，第 10 版。

〔註40〕教育部、行政院九二一震災災後重建推動委員會與地方政府邀請相關學者、專家前往各個受災地區勘察後，認為光復國中基地之斷層錯動、校舍倒塌、河床隆起等地貌，如能將此地加以規劃，應具有國際級原址保存博物館之優勢條件。於是建議於光復國中現址規劃改建為地震紀念館，以保存地震原址、紀錄地震史實，並提供社會大眾及學校有關地震教育之活教材。參見國立自然科學博物館，921 地震教育園區導覽簡介，https://www.nmns.edu.tw/park_921/about/，檢索日期：2021 年 1 月 28 日。

〔註41〕〈尊重生存權我們不要震博館〉，《聯合報》，2000 年 4 月 8 日，第 15 版。

〔註42〕〈霧峰建地震博物館居民要求參與〉，《聯合報》，1999 年 11 月 29 日，第 9 版。

〔註43〕〈科博館「出車」地震椅受青睞〉，《聯合報》，2000 年 9 月 9 日，第 18 版。

〔註44〕〈地震博物館應建世界級〉，《聯合報》，1999 年 12 月 10 日。

〔註45〕國立自然科學博物館，921 地震教育園區園區簡介，https://www.nmns.edu.tw/park_921/about/，檢索日期：2021 年 1 月 28 日。

〔註46〕「貴部曾部長函為訂於本（九十）年九月二十一日至十月二十一日，於臺中縣霧峰鄉「九二一地震教育園區」辦理紀念特展活動，請轉陳　院長蒞臨主持「災難與重建：九二一地震二周」（2001 年 8 月 27 日），〈行政院九二一震災災後重建推動委員會〉，《行政院秘書長》，國家發展委員會檔案管理局，典藏號：A3990099035/0091/03/03-06/001/006。

〔註47〕〈霧峰地震教育園區總工程費十億〉，《聯合報》，2002 年 6 月 15 日，第 17 版。

強以光復新村為中興新村之實驗地區為由，希望將此新市鎮之規劃保存下來，吳東明等當地居民也持續努力爭取保留廳舍、將其文化進行保留，〔註48〕同時期盼中央有更佳之考量。2012年（民國101年）9月由臺中市政府公告登錄為本市文化景觀，登錄理由分別為該宿舍群之發展過程包括清代林家、日治時期坑口農事自治村，直至戰後省府疏遷政策下中興新村之實驗場域、由田園城市概念所規劃之省府宿舍群等，〔註49〕光復新村囊括了地方望族與社會之互動、中央政策的執行與新市鎮概念之引進等，對於臺灣近代史之角色是不可或缺的。

最後，臺中市政府為搶救青年失業情況，2014年（民國103年）推出「摘星計畫」，將原公有閒置空間透過整修、提供後成為青年創業基地。〔註50〕光復新村為其中之一，於2015年（民國104年）9月陸續進駐並藉此給予財務援助、場地需求等，〔註51〕同年12月開幕營運。欲進駐光復新村之商家規定以創業青年為主，年齡須45歲以下且需撰寫企劃書至市府單位，經過初審、複審後，再配給空間單位給予使用：〔註52〕

> 第一批審核就是他們先批你企畫書的內容是 ok 的，是有符合我們摘星計畫的初衷的，之後再進入第二階段的面試，真的會有人來問你一些問題，像是營業的主軸、或是你的經營狀況之類的。他們打分數，全部通過了之後，你才能夠有一個空間，他們幫你分配空間。〔註53〕

空間的分配方式，並不是一戶房子給一個創業單位使用，而是兩個創業單位平分一戶，共同使用該戶空間，並依照空間大小繳納租金及水電費。另外，

〔註48〕〈10公頃割成28塊落財團手中〉，《聯合報》，2009年6月28日，第A12版；〈光復新村居民慶生曲終不散〉，《聯合報》，2009年9月20日，第B1版。

〔註49〕〈公告登錄臺中市「霧峰光復新村省府眷舍」為文化景觀〉，《臺中市政府公報》，民國101年10月15日。

〔註50〕〈胡志強：企業獲利1/3應給員工加薪〉，《聯合報》，2014年5月13日，第A4版。

〔註51〕〈中市府鼓勵創業選出108條好漢〉，《聯合報》，2015年7月30日，第B1版。

〔註52〕光復新村商家，人人好工坊店長口述，鄒孟廷訪問，2022年10月14日於人人好工坊。口訪內容：「臺中市政府勞工局給青年創業，以前是40歲以內才可以申請，後來開放至45歲，因為考量到好像有一點點年紀的人比較知道怎麼創業。不能是任何公司的負責人，因為它是給青年青創沒有創業過的人。」

〔註53〕光復新村商家，Yu Jhen 的繪圖小町店長口述，鄒孟廷訪問，2022年10月14日於 Yu Jhen 的繪圖小町。

使用時間並不能長期租用，而是以 4 年為一期限，最多可延至 6 年，時間期限一到必須離開，該空間再給下一個創業青年使用。光復新村等於是提供一個實驗空間，讓初次創業的店家成長，除了提供空間且運用低租金的方式給予創業青年使用，同時也可以評估自己的創業模式需不需要作改善？適不適合創業？〔註54〕以下為當地商家描述該情況：

> 但是因為這不是我的主力，我們主要是作網路，所以我們是網路為主，這邊是為輔。我們網路是做一到五，見紅就休，放假期間就調人過來，兩邊相輔相成。〔註55〕

> 四年後，也就是我再剩一年多後就要離開嘛，所以我現在有在弄一個小賣所，可是現在還沒辦法開店，開不了。原因很簡單，因為我還要顧這裡無法分身乏術，所以我自己評估是要等把這裡結束，才能把重心移過去，但我又擔心這樣會太晚。〔註56〕

　　從以上情況可知，進駐光復新村的店家大致上因租期限制的關係，因此除了在此經營之外，還須思考等到四年後他們離開了，如何再讓自己的品牌繼續經營下去？因此部分店家透過網路行銷，把光復新村的駐點當作實體店面之外，同時也有店家把現在光復新村的駐點，當作一個提高品牌知名度的平台，等至租約到期離開後，運用該地所累積的資本與客群，在外拓店繼續發展下去。〔註57〕以上過程顯現光復新村的摘星計畫，一方面評估自己的創業經驗與心力，另一方面在低成本的環境下，可累積自己品牌的客群與資本，對青年

〔註54〕光復新村商家，Yu Jhen 的繪圖小町店長口述，鄒孟廷訪問，2022 年 10 月 14 日於 Yu Jhen 的繪圖小町。口訪內容：「有的人是把這個地方當作是試試看他的營運模式，是不是可行的？我只要確認我的營運模式、行銷方式是不是能夠走得下去的？」
〔註55〕光復新村商家，甜點小舖店長口述，鄒孟廷訪問，2022 年 10 月 14 日於甜點小舖。
〔註56〕光復新村商家，米子泥研店長口述，鄒孟廷訪問，2022 年 10 月 14 日於米子泥研。
〔註57〕光復新村商家，Yu Jhen 的繪圖小町店長口述，鄒孟廷訪問，2022 年 10 月 14 日於 Yu Jhen 的繪圖小町。口訪內容：「年限到了還是要走，這個地方主要的話就是扶持青年創業。不能說你在這邊品牌 ok 了，租金低，在這裡擺著不走，你總是要讓後面的人有機會可以進來。因為你已經穩定了，就應該去外面試試看別的地方。它是讓你茁壯起來，但不是一直養著你，是讓你可以用比較低成本的方式，讓你的品牌茁壯起來，不用去負擔外面高的租金，四年之後你也該茁壯起來了，也就得該去外面的地方試試看。」

的創業過程是很有幫助的。

　　不僅如此，創業青年為何要選擇光復新村作為創意基地？除了摘星計畫之外，同時部分商家認為該宿舍群的環境、社區布置，諸如前庭後院之設計、空間較為寬敞等空間特色，是適合他們在此創業的。另外，在地商家對於光復新村整體環境的改善與復甦也是重要功臣，怎麼說呢？其實，光復新村在歷經精省與騰空標售政策後，整體宿舍群是荒廢的，環境陰暗、雜草叢生，乍看之下為一個荒涼、無人居住的老舊社區。〔註58〕不過在店家進駐後，開始將此整理佈置，在此過程中也無形地將光復新村原本破舊的環境，打造成各店家想要的商業空間，參見圖56、圖57：

圖56：光復新村商家，人人好工坊

（上圖：進駐前；下圖：進駐後）

來源：由光復新村商家，人人好工坊店長，朱敏慈拍攝、提供。

〔註58〕光復新村商家，人人好工坊店長口述，鄒孟廷訪問，2022年10月14日於人人好工坊。口訪內容：「我們以前剛進駐的時候，都沒什麼人！白天哦，都暗暗的，都沒有人。以前的外圍牆都暗暗的，然後我整理過、修剪過，然後再佈置一下就變得不一樣。」

圖57：光復新村商家，人人好工坊
（上圖：進駐前；下圖：進駐後）

來源：由光復新村商家，人人好工坊店長，朱敏慈拍攝、提供。

　　上圖56、圖57，兩組照片的上下為店家進駐的前後對照圖，可以發現在地商家不管是室內或室外，在進駐前後對於該宿舍群的改造是非常明顯的。在

地商家不會因光復新村舊建築的荒廢，而去否定它的空間意義，反而將此視為一個可以重新改變、待開發的樂土，〔註59〕不僅對於整體建築改造竭盡全力，同時整體環境整理布置後，更可吸引客人參觀、消費。在地商家見證了此宿舍群從荒廢至再度被美化活用，對此過程十分滿意：

> 九二一地震後都沒有人來，如果這樣把它規畫起來，其實就以經營方面來講的話是不錯的，總比荒廢起來沒有人用還好。它的位置剛好就在霧峰繁榮的地方與比較偏僻的地方中間，剛好就是74號下來比較順的地方，路上累了就下來看看，逛逛、醒醒腦。〔註60〕

> 老眷村、老房子、待開發，很多機會可以坑，我們民間的力量讓市府更重視這一塊。〔註61〕

> 假日的話，這邊有很多親子、銀髮族非常喜歡來的地方，假日的話會封街，很多大人會帶著孩子來這邊，騎腳踏車啊！也會有街頭藝人來這邊。我覺得這個地方越來越活絡，就會有平台給他們。對在地也是好的，因為以前這邊剩在地的一些老年人，現在年輕人都願意回來，他會在附近做生意，也會讓整個村莊有活力。〔註62〕

原先受到中央政策與環境災害的光復新村，至現今有創業青年進駐此原老舊的省府宿舍，帶來了觀光人潮與商機。近幾年，有許多學校的戶外教學前往該宿舍群介紹其歷史文化，同時摘星計畫的實施，更將此打造一名符其實的創業實驗基地，給予企業參訪。〔註63〕另外，九二一地震教育園區之規劃

〔註59〕光復新村商家，米子泥研店長口述，鄒孟廷訪問，2022 年 10 月 14 日於米子泥研。口訪內容：「我覺得光復新村是可以經營的，它是一塊待開發，什麼叫待開發？它沒有政府資源的介入，你所有的品牌形象跟社區營造、跟村落的個性都可以自己創造。我覺得光復新村甚麼都沒有，很空，所以就很好做佈置。」

〔註60〕光復新村商家，Yu Jhen 的繪圖小町店長口述，鄒孟廷訪問，2022 年 10 月 14 日於 Yu Jhen 的繪圖小町。

〔註61〕光復新村商家，米子泥研店長口述，鄒孟廷訪問，2022 年 10 月 14 日於米子泥研。

〔註62〕光復新村商家，人人好工坊店長口述，鄒孟廷訪問，2022 年 10 月 14 日於人人好工坊。

〔註63〕光復新村商家，人人好工坊店長口述，鄒孟廷訪問，2022 年 10 月 14 日於人人好工坊。口訪內容：「平日沒什麼人，但是最近又開始有一些遊覽車，他現在越來越多團體，類似像戶外教學、企業參訪，我覺得這是好的。企業參訪來，他覺得哇！這邊保留下來可以變成這個樣子。其實我覺得這會感染，慢慢我們的一些有文化的東西才會慢慢地有可能繼續被保留下來，而不是全部被拆掉。所以我覺得這是正向的。」

與興建過程也考驗著中央與地方如何持續地努力與協調，改善當地的災害環境並與之共存，讓嶄新的文化觀光、創業夢想二者一同為舊有的省府宿舍再次復甦。

（二）審計新村

1. 精省後移撥至財政部國有財產署 → 閒置多年

審計新村自實施精省制度、辦理騰空標售後，該宿舍群內之首長宿舍及整體土地移撥至財政部國有財產署接管，卻導致此地閒置多年，〔註64〕使此老舊省府宿舍淪為當地治安死角。

2. 活化：政府、民間與學校

（1）文創市集

直至 2013 年（民國 102 年）臺中市政府為解決空屋率過高的問題，配合活化利用閒置住宅的方式，現況才得以改變。市府開始對此宿舍群進行整建計畫並預計於年底先修繕 26 戶，且認為審計新村為省府公務員宿舍，為戰後中央政府於臺中市所興建之建築，其歷史文化特色更需予以保留。於此同時，中興大學於 2012 年（民國 101 年）向市府擬定一規劃構想，希望運用青年微創進行規劃，內容為提供青年身障藝術家或社會照顧戶採混居方式入住。〔註65〕其後，該校於隔年 11 月發起「小蝸牛市集」，在此市集之規劃下陸續有有機農、文創活動之攤位進駐至此，對於舊空間的活化頗有效益。〔註66〕隔年 11 月，中興大學與財政部國有財產署簽約合作，除了共同修繕此宿舍群之舊建築、綠化環境之外，也引進了文創、小農等攤位用以活絡當地經濟。〔註67〕

〔註64〕「依據國家資產管理委員會第49次委員會議決議本處首長宿舍變更為非公用財產移由貴局接管，檢附相關清冊及謄本等資料。」（2006 年 8 月 21 日），《審計部教育農林審計處》，機關檔案目錄網（原件：審計部教育農林審計處），典藏號：0095/0605/0002/0002/016；〈審計新村翻修打造小農文創聚落〉，《聯合報》，2014 年 11 月 16 日，第 B2 版。

〔註65〕「為利於本市西區審計新村省府眷舍後續活化再利用及管理維護事宜，向貴局提出代管計畫，惠請貴局同意房（土）地代管，詳如說明，請查照。」（2003 年 1 月 3 日），〈景觀與遊憩碩士學位學程〉，《國立中興大學》，機關檔案目錄網（原件：國立中興大學），典藏號：0102/1730/1。

〔註66〕「小蝸牛市集」三大特色分別是有機農業、在地藝術創作家、在地文創與社會實踐。參見〈小蝸牛進駐審計新村飄文創味〉，《聯合報》，2013 年 11 月 17 日，第 B1 版；〈文創市集吸客審計新村活起來〉，《聯合報》，2013 年 12 月 16 日，第 B2 版。

〔註67〕〈審計新村翻修打造小農文創聚落〉，《聯合報》，2014 年 11 月 16 日，第 B2 版。

（2）摘星計畫

2014 年（民國 93 年）5 月臺中市政府規劃「摘星計畫」，除了上述所提及之光復新村外，審計新村同樣被規劃為一創業基地。隔年 7 月第一期摘星計畫正式啟動，9 月 1 日起攤位陸續進駐販賣創意商品，此政策不僅為該官方社區注入年輕能量，同時活化閒置空間將其打造為未來的觀光亮點。〔註 68〕2018 年（民國 107 年）接連推動摘星計畫第二期，申請人經審核過簽約後，開放進駐使用。〔註 69〕隔年，臺中市政府針對審計新村之活化，詳列一完整報告：

圖 58：審計新村範圍圖

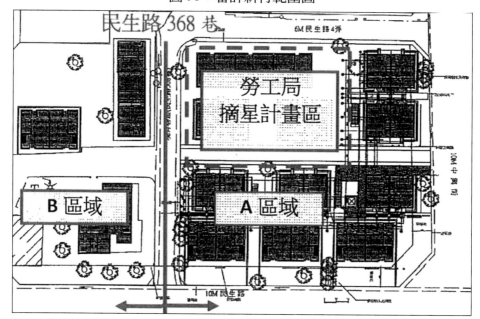

來源：「審計新村委外營運及管理現況專案報告。」（2019 年 3 月 20 日），〈臺中市議會第 3 屆第 1 次臨時會〉，《臺中市政府都市發展局》。

承上圖 58，可以發現審計新村以民生路 368 巷為界，A 區除了由臺中市政府推動摘星計畫之外，還有青年旅社、文創商店之規劃；B 區則由中興大學執行，包括上述所提及的小農市集、小蝸牛市集之辦公室等，臺中市政府及中興大學分別代表兩區之主辦機關，向財政部國有財產署承租該地後，再交由營運

〔註 68〕〈中市府鼓勵創業 8198；選出 108 條好漢〉，《聯合報》，2015 年 7 月 30 日，第 B1 版。

〔註 69〕「審計新村摘星計畫創意基地空間運用研商會議。」（2018 年 2 月 13 日），〈經營管理事務〉，《國立中興大學》，機關檔案目錄網（原件：國立中興大學），典藏號：0107/040902/1。

廠商經營管理。〔註70〕以下為在地商家描述該宿舍群，自荒廢至活化之過程中可以發現政府、民間與學校三方，對於該宿舍群整體的活化是有實質幫助的：

> 剛進來的時候，這個地方就是個廢墟，都沒有人整理。就是他是沒有
> 規劃的，是後面慢慢重新弄起來的，然後人潮也是越來越多。好像最
> 剛開始的時候，市集的確是讓這裡的人潮變多，往前一點就是勤美綠
> 園道、往後一點就是美術館，就是它是有一個地理優勢在。〔註71〕

審計新村在騰空標售政策後，一度傳出要將此廢棄的宿舍群進行拆除。〔註72〕而後在市府、民間與學校共同合作下，運用市集、商圈模式成功地將此公家宿舍社區轉型為現今吸引假日人潮的熱門打卡景點。

圖 59：審計新村

來源：筆者拍攝，拍攝日期：2022 年 11 月 10 日。

〔註70〕「審計新村委外營運及管理現況專案報告。」（2019 年 3 月 20 日），〈臺中市議會第 3 屆第 1 次臨時會〉，《臺中市政府都市發展局》。

〔註71〕審計新村商家，甜月亮店員口述，鄒孟廷訪問，2022 年 11 月 10 日於甜月亮。

〔註72〕審計新村商家，金匠食味廚房店員口述，鄒孟廷訪問，2022 年 11 月 10 日於金匠食味廚房。內容：「它是觀光地區啦，很多網美來這裡拍照，不過這個地方會比較狹小，這裡原本要被拆掉的，後來經過一些在地青年、文資來搶救，慢慢地開始有活力的。」

二、拆除與社會住宅：長安新村

　　長安新村自 2004 年（民國 93 年）奉行政院核定騰空標售後，隔年起至 2007 年（民國 96 年）間進行工程實施。〔註 73〕之後卻因缺乏規劃、管理不當而閒置多年且對當地造成治安問題。〔註 74〕

圖 60：長安新村

來源：聯合知識庫，https://udndata-com.ap.lib.nchu.edu.tw/ndapp/Index?cp=udn，檢索日期：2022 年 2 月 24 日。

　　因此，市府於 2011 年（民國 100 年）規劃拆除長安新村，網友發起串連活動希望可比照彩虹眷村予以保留。〔註 75〕不過隔年長安新村仍進行拆除，其中 14 棟 28 戶獲保留並拆除破舊圍牆，社區青年與透過去除雜草、整理環境等具體行動留住眷舍。〔註 76〕保留下來之後，北興里環保志工也會配合環保局進行整頓其內外環境。其後，2016 年（民國 105 年）市府選定長安新村內的其中一塊土地作為社會住宅的興建基地，於 2020 年（民國 109 年）動

〔註 73〕 林欣君，〈以利害關係人觀點探討公有土地之開發與管理機制——以臺中市長安新村為例〉，頁 33。

〔註 74〕 〈標售光復新村光陰故事到哪找〉，《聯合報》，2009 年 6 月 28 日，第 A12 版。

〔註 75〕 〈搶救長安新村里長：真亂來〉，《聯合報》，2011 年 3 月 23 日，第 B2 版。

〔註 76〕 〈省新處大掃除青年搶救回憶〉，《聯合報》，2012 年 9 月 2 日，第 B2 版。

工。〔註77〕上述發展見證了長安新村自精省後的荒廢、政府與居民雙方對於廢棄宿舍之措置，以及拆除後成為住宅基地之過程。

三、持續運作與大學城：中興新村

（一）員工職務調動、九二一地震→人口外流

如前所述，1998 年（民國 87 年）底實行精省第一階段期間，省府員工有自願退遣、離職與隨業務移撥之情形，〔註78〕其後在隔年的九二一大地震，中興新村之眷舍全倒 79 戶、半倒 117 戶：〔註79〕

> 九二一整個房舍倒掉，民政廳、社會處、主計處統統倒，倒了之後還是要辦公。就只能找別地方辦公，整個就散了。〔註80〕

中興新村之地理位置因鄰近震央，因此對該宿舍群影響衝擊大。九二一地震後，房屋倒塌受損嚴重，但原位於中興新村之行政機關仍得正常運作，因此只能尋找鄰近縣市做短暫辦公，另再加上精省、公務員出缺不補的情形之下，直接導致就業機會少、青年人口外流、人口老化。〔註81〕以上中央政策之制定、天然災害的發生使中興新村面臨明顯的轉變，以下為該宿舍群內之辦公人員描述精省、九二一地震前後的中興新村之情況差異：

> 現在真的是沒落，以前我記得我小時候，中興往臺中的班次，幾乎公車是一班一班耶！以我小時候來講，中興新村是真的算蠻繁榮的，你看公務人員那麼多，然後我很多同學都是父親、母親從臺北

〔註77〕〈第 4 處自建住宅北屯段規劃 220 戶〉，《聯合報》，2016 年 10 月 28 日，第 B2 版。

〔註78〕中興新村辦公人員（國家發展委員會檔案管理局，臺灣省政資料館專門委員），蔡志雄先生口述，鄒孟廷訪問，2022 年 11 月 18 日於臺灣省政資料館。內容：「縣市政府的科局長才九職等，那時候精省下去，我們這邊幾乎都七到九，這些人一精省怎麼辦？下不到縣市政府去，到臺北去又太遠，所以好多人在五十歲、五十五歲就退休了，你一退，宿舍就要搬了！」

〔註79〕「公共事務管理組簽為業務推動概況及未來工作重點報請公鑒案。」（2000 年 1 月 24 日），〈臺灣省政府主管會報第 8 次會議〉，《臺灣省政府委員會議》，國史館臺灣文獻館（原件：國家發展委員會檔案管理局），典藏號：00505000806。

〔註80〕中興新村辦公人員（國家發展委員會檔案管理局，臺灣省政資料館專門委員），蔡志雄先生口述，鄒孟廷訪問，2022 年 11 月 18 日於臺灣省政資料館。

〔註81〕中興新村前省政資料館主任，鍾起岱先生口述，鄒孟廷訪問，2022 年 10 月 28 日於向上公園，南投縣南投市向上五路 69 號。內容：「後來九二一大地震倒掉之後，公務員出缺不補、宿舍只能收回不再外借，現在中興新村空置的宿舍超過百分之五十。」

下來這邊工作、然後住宿舍這裡。現在其實越來越沒落，人跑了、

樹也越來越少，都人口老化，只剩一些老人家在居住。〔註82〕

從以上可見，中興新村與光復新村同樣於 1990 年代末期面臨在精省制度的實施與天然災害的摧毀，導致宿舍群就業機會減少、人口外流、荒廢情況，與實施精省制度前的繁榮景象迥然不同。

（二）高等研究園區、文化景觀登錄

為解決上述情形，2000 年代以後中央及地方各機關對於中興新村各提出許多欲振興該宿舍群沒落情形的方案。其中，國家資產經營管理委員會考量中興新村之發展有特殊人文歷史意義，於 2002 年（民國 91 年）10 月向內政部建議將此省府宿舍之現有設施、人文風貌等應優先考量予以保存。之後配合行政院所訂定國有財產宿舍及眷舍房地加強處理方案，中興新村列為專案處理，且據行政院經建會研擬中興新村之整體規劃構想方案，其未來發展方向包括：生物科技研發園區、大學園區、國際會議及休閒中心、行政園區、藝術文化園區、旅遊服務暨紀念園區，並規劃多達 1,600 個眷屬宿舍提供產業或設施使用。〔註83〕

其他機關計畫方面，郭昱霖之研究統計自 2000 年（民國 89 年）至 2008 年（民國 97 年），內政部營建署、財團法人協會與學校等中央與地方各機關對於中興新村的再發展共提出了 11 項計畫，包括運用產業經營、學術研究、休閒觀光或提升該宿舍群之舊有的行政機能等方式，〔註84〕以上計畫雖使該宿舍群之發展有了更多元的選項，不過根據郭氏之當地口述資料，上述計畫內容在該宿舍群之可行性卻不甚明顯。最後於 2008 年（民國 97 年）行政院將中興新村核定為高等研究園區，以研發為主，欲將其打造為中部高科技產業聚落，不僅使中興新村之發展似乎又有了一線曙光，同時以臺灣產業發展的脈絡來看，可以做為未來科技人才之基地、帶動整體產業之升級，〔註85〕也順應了從

〔註82〕中興新村辦公人員兼住戶，朱小姐口述，鄒孟廷訪問，2022 年 10 月 28 日於行政院農業委員會農糧署。

〔註83〕「公共事務管理組簽為行政院訂定「國有宿舍及眷舍房地加強處理方案」有關臺灣省政府經管之眷舍房地配合辦理情形，報請公鑒。」（2003 年 12 月 17 日），〈臺灣省政府委員會議及主管會報聯席會議第 48 次會議〉，《臺灣省政府委員會議》，國史館臺灣文獻館（原件：國家發展委員會檔案管理局），典藏號：00506004806。

〔註84〕郭昱霖，《中興新村空間治理：結構與能動的對話》，頁 60～62。

〔註85〕鍾起岱，《中興新村學：從臺灣省政府到高等研究園區》，頁 422、433。

加工出口業升級為高科技產業之轉型階段。

　　中興新村整體可分為三大區塊：北核心區為提供省府行政單位之辦公用途；中生活區為提供該研究園區之員工食衣住行之用、南核心區則提供廠商進駐招商。〔註86〕高等研究園區的興建交由國家科學委員會分期分區開發，欲使中興新村再度發揮活用功能，〔註87〕並且擬定未來將進駐包括：能源研究、光電產業研發、地區核心產業應用研究、永續環境研究及臺灣文史研究等。〔註88〕市府與建商因該園區即將進駐廠商，著手籌備市地重劃以及興建新型住宅區用以吸引人才前來置產帶動該地房價。〔註89〕

　　不過在該園區之規劃過程中，值得關注的是，行政院環保署自 2010～2011 年（民國 99～100 年）期間針對該園區的開發陸續召開環境會議，內容對於當地環境、文化之相關議題皆有進行討論：第一、環境問題。該區曾經受九二一地震受創嚴重，因此規定在車籠埔斷層兩側各 30 公尺不得新建建築物，〔註90〕此外在人口規模的分布、汙水排放的管制以及綠能社區的規劃等，考量了該園區之設立可能對該地區造成何種環境問題並制定相關政策；第二、文化保存。在興建高等研究園區之計畫中，原擬將中興新村舊有的辦公廳舍與員工眷舍拆除，此一情形遭地方居民及文化界人士反彈，認為應保存該宿舍群原有的歷史風貌。其後，中央表示將採先建後遷的方式進行，不會讓合法眷戶之居民居無定所。〔註91〕

　　此外，該宿舍群之文化價值日漸受到地方政府與民間的關注，並主張應運用文化資產保存法將其進行保存。〔註92〕2011 年（民國 100 年）南投縣政府決議將中興新村進行文化保存，包括文化景觀、1 處縣定古蹟指定及 11 處歷史建築，〔註93〕其中文化景觀範圍包括第一行政區（北核心區）、第一鄰里

〔註86〕廖緯民，〈興大新校區中投兩風光──本校南投中興新村校區定案展開〉，《興大校友》第 32 期（2022 年 10 月），頁 22。

〔註87〕〈中興新村轉型高等研究園區〉，《經濟日報》，2009 年 7 月 6 日，第 A4 版。

〔註88〕鍾起岱，《中興新村學：從臺灣省政府到高等研究園區》，頁 425。

〔註89〕〈研究園區將動工再掀重劃熱〉，《聯合報》，2010 年 5 月 27 日，第 B1 版。

〔註90〕〈行政院環境保護署公告：公告「中興新村高等研究園區開發計畫環境影響說明書」審查結論〉，《行政院公報》，民國 100 年 7 月 1 日。

〔註91〕林曉慧，〈中興新村流轉年代的文化資產價值〉，頁 76～77。

〔註92〕〈祭出文資法保存省府舊廳舍〉，《聯合報》，2009 年 7 月 21 日，第 B1 版；〈中興新村申納文化資產〉，《聯合報》，2009 年 10 月 3 日，第 B2 版。

〔註93〕〈霧峰光復新村 200 學者連署保存〉，《聯合報》，2012 年 1 月 17 日，第 B1 版。

單元、第二鄰里單元、第三鄰里單元、市鎮中心及第二行政區（南核心區），
見圖 61：

圖 61：中興新村文化景觀

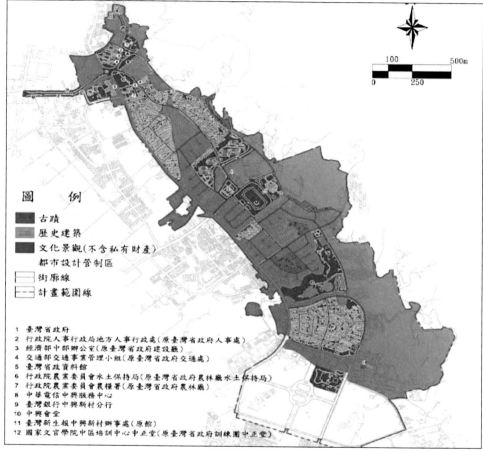

圖　例
■ 古蹟
■ 歷史建築
■ 文化景觀（不含私有財產）
　都市設計管制區
□ 街廓線
┄ 計畫範圍線

1　臺灣省政府
2　行政院人事行政局地方人事行政處（原臺灣省政府人事處）
3　經濟部中部辦公室（原臺灣省政府建設廳）
4　交通部交通事業管理小組（原臺灣省政府交通處）
5　臺灣省政資料館
6　行政院農業委員會水土保持局（原臺灣省政府農林廳水土保持局）
7　行政院農業委員會農糧署（原臺灣省政府農林廳）
8　中華電信中興服務中心
9　臺灣銀行中興新村分行
10　中興會堂
11　臺灣新生報中興新村辦事處（原館）
12　國家文官學院中區培訓中心中正堂（原臺灣省政府訓練團中正堂）

說明：藍色部分為文化景觀範圍；紅色虛線為高等研究園區之計畫範圍。
來源：〈檢送南投縣政府登錄「中興新村」為南投縣文化景觀鄉公告表〉，《南投縣政府
　　　公報》，民國 100 年 4 月 2 日；http://www.chonghong.org/Learing-detail.aspx?
　　　articleID=227，檢索日期：2022 年 2 月 24 日。

　　中興新村登錄為文化景觀之理由，可以歸納為三點：第一、該宿舍群為因
應 1950 年代臺海緊張局勢，為當時臺灣省政府疏遷中部之主要根據地；第二、
1999 年（民國 88 年）臺灣實施精省前，臺灣省政府掌理全臺各縣市之要務，
因此中興新村不僅進駐省會等級的行政單位，同時也見證了臺灣近五十年政
治、經濟、社會與文化之發展過程；第三、中興新村引進英國「田園城市」、
「鄰里單元」與「低密度開發」等西方新市鎮概念，該宿舍群之規劃為臺灣都

市計畫工程樹立典範。〔註94〕由以上原則可知，中興新村之發展脈絡對於戰後時期臺灣的行政中樞扮演了重要的角色，以 1950 年代初兩岸局勢不穩定為背景，進而呈現省府由盛轉衰之過程，臺灣的都市規劃更以其整體社區設計與興建經驗作為借鏡。

如前所述，自 2010 年代起中央與地方政府對於中興新村在文化保存、經濟開發皆進行初步規劃。其中，中興新村在文化保存方面，從以上文化景觀的原則與條件下，更可證明該宿舍群對於當代歷史價值、社區規劃之重要性，尤其在其社區規劃上對於戰後臺灣的都市規劃之參考案例上更扮演了至關重要的角色。

不過，在經濟開發方面卻不如政府所預期之成果發展，政府自 2008 年（民國 97 年）起規劃高等研究園區，希望藉由該建設改善中興新村自精省、九二一地震後漸以沒落、人口外流之情況。在廠商陸續進駐下，〔註95〕希望可以透過提升就業機會的方式，來帶動該地經濟與人口發展。直至 2017 年（民國 106 年）為止，除了工研院、資策會，還有民間企業百佳泰、台灣可速姆等共計有 14 個廠商進駐至中興新村，〔註96〕不過對於該宿舍群整體活化之效果卻十分有限：〔註97〕

> 中興新村目前除了省府大樓、省政資料館等少數廳舍仍有人辦公，
>
> 包括中興會堂、游泳池幾乎都處於閒置狀態。二四二七戶的宿舍群，
>
> 超過一半空著，村民也從全盛時期兩萬三千多人減到八千人。〔註98〕

從以上《聯合報》內容可以發現，自 2008 年（民國 97 年）中央所規劃的高等研究園區至 2017 年（民國 106 年）為止，雖有廠商進駐但對於該宿舍群整體的活化收效甚微。不過實際上，高等研究園區本身的發展是成功的，不過卻因環評問題導致許多廠商無法進駐，〔註99〕直至中興大學欲將該宿舍群打造為「大學城」，才使中興新村之活化帶來契機。

〔註94〕〈檢送南投縣政府登錄「中興新村」為南投縣文化景觀鄰公告表〉，《南投縣政府公報》，民國 100 年 4 月 2 日。

〔註95〕〈中興新村高等園區首家工廠啟用〉，《聯合報》，2014 年 7 月 1 日，第 B2 版。

〔註96〕鍾起岱，《中興新村學：從臺灣省政府到高等研究園區》，頁 436～441。

〔註97〕廖緯民，〈興大新校區中投兩風光——本校南投中興新村校區定案展開〉，頁 25。

〔註98〕〈久違的風華中興新村等待中〉，《聯合報》，2017 年 11 月 1 日，第 B2 版。

〔註99〕中興新村前省政資料館主任，鍾起岱先生口述，鄒孟廷訪問，2022 年 10 月 28 日於向上公園，南投縣南投市向上五路 69 號。內容：「高等研究園區其實算成功的，幾乎已經是滿了。後來因為環評的問題，很多廠商想進來都進不來。」

（三）大學城

　　中興大學前身為省立農學院，1959 至 1961 年（民國 48 至 50 年）升格大學時，教育廳曾計畫將校址設立於中興新村。〔註100〕2018 年（民國 107 年），行政院成立「中興新村活化專案辦公室」負責中興新村之活化與營運。於此期間，中興大學計畫擴建新校區以增加該校之教學空間，積極爭取至中興新村設立校區，並規劃於該宿舍群之南核心區，〔註101〕見圖 62：

圖 62：中興大學南投校區整體規劃藍圖

來源：李毓嵐、張永昇訪問、紀錄，薛富盛校長口述，〈擘
劃百年永續經營‧拓展中興新村大學城〉，頁 13。

〔註100〕「教育廳簽為臨時省議會建議在臺灣省中部設立省立大學一案，檢呈設校計劃綱要甲乙兩案請核示案。」（1959 年 5 月 11 日），〈臺灣省政府委員會議第589 次會議〉，《臺灣省政府委員會議》，國史館臺灣文獻館（原件：國家發展委員會檔案管理局），典藏號：00501058908；李毓嵐、李偉呈編纂，《興大百年風華錄——校院系所篇》（臺中：興大，2019 年），頁 38～39。

〔註101〕李毓嵐、張永昇訪問、紀錄，薛富盛校長口述，〈擘劃百年永續經營‧拓展中興新村大學城〉，《興大校友》第 32 期（2022 年 10 月），頁 13；〈興大想來中興新村活化有譜〉，《聯合報》，2018 年 8 月 18 日，第 A12 版。

　　2022 年（民國 111 年）4 月，依照行政院國發會之規劃，中興新村可以分成三大區塊：首先為北核心「歷史文化區」，該區為戰後臺灣行政機關之根據地，包括臺灣省政府、中興會堂、省政資料館、農糧署、水土保持局、交通部中部辦公室、經濟部中部辦公室等建築，現今仍持續運作；其次為中核心「休閒生活區」，包括中興商場、中興會堂等，除了提供該宿舍群居民之生活機能外，同樣將該區之田園城市、鄰里單元之特色保留下來。〔註 102〕另外，國發會在此區建立「地方創生育成村」，參見圖 63，將部分閒置宿舍進行整修，完成後成為培育創業青年的基地，提供資源與空間給予創業青年發揮。〔註 103〕

圖 63：中興新村地方創生育成村

來源：筆者拍攝，拍攝日期：2022 年 10 月 28 日。

　　最後，以南核心「大學城」的部分進行討論，該區範圍如以中興新村 1957 年（民國 46 年）之整體規劃圖進行對照，為當時的第二行政辦公區，以光明

〔註 102〕中興新村辦公人員（中興新村活化專案辦公室，綜合企劃組組長），劉玫蘭小姐口述，鄒孟廷訪問，2022 年 10 月 28 日於中興新村省府大樓。內容：「行政院在 111 年的 4 月 27 日，宣布中興新村北核心叫做歷史文化園區、中核心包括中興商場、中興會堂那邊、第三市場是屬於中核心，是屬於休閒區；然後從內轆溪到省訓團、監理站那邊是南核心，叫做大學城，後來就引進中興大學。」

〔註 103〕中興新村辦公人員（中興新村活化專案辦公室，綜合企劃組組長），劉玫蘭小姐口述，鄒孟廷訪問，2022 年 10 月 28 日於中興新村省府大樓。內容：「我們把那些想要創業，但是沒有資源，不知道怎麼去營運？我就去把那些想要去創業的年輕人找來，那我提供設備、人員、場所，講白一點就是來我這邊練功啦！完成之後，一、兩年就要回故鄉去。」

里為主，包括部分行政機關、國史館臺灣文獻館、高爾夫球場及該里宿舍區等。不過，其實早在中興新村面臨精省、九二一地震後，中央就有提出關於中興大學進駐中興新村的計畫，當時中興新村就業不足、人口外流，該宿舍群日漸沒落，因此當地商家得知此消息是非常歡迎的，希望透過中興大學之進駐帶動該宿舍群的人潮。〔註104〕以下為鍾起岱先生描述當時之情況：

> 當時中興新村因為宿舍很多地方倒掉，他們就準備活化中興新村，
> 所以他們就想了一個方案就是，中興大學遷到中興新村，不過跟現
> 在方案不太一樣，當時他的方案是要把中興大學校地賣掉，然後遷
> 到中興新村。〔註105〕

不過之後該計畫卻不了了之，沒有成功執行。直至 2017 年（民國 106 年）起中興大學開始進行新校區之規劃，並著手籌備省訓團之周邊用地。〔註106〕另外從圖 5-12 可看出該校對於大學城之規劃分為兩期，並採取分期分區開發的方式進行，使用空間以現閒置宿舍為主，不影響現住戶之權益。〔註107〕

第一期由循環經濟研究學院於 2022 年（民國 111 年）9 月進駐，參見圖 64，並以北核心區的立體停車場作為臨時宿舍，預計隨著工程陸續完工之後，將滾動式地引進研究單位及教學公共設施，前者包括數據與人工智慧、環境規劃、材料專業學院及環境教育、永續科技、智慧科技整合、金屬等研發中心；後者為學生宿舍、昆蟲館與植物園等。第二期則以研究單位為主，該校將以農工學院之專長，搭配農委會林試所積極發展植物園，該設施內對於植物物種蒐集、實驗與保育等工作除了給予該校學生進行教學演示外，同時運用休閒遊憩之方式吸引遊客。〔註108〕

〔註104〕 中興新村商家，合宏眼鏡咖啡館店長口述，鄒孟廷訪問，2022 年 10 月 28 日於合宏眼鏡咖啡館。內容：「我們曾經在精省之後，也聽說中興大學要來這邊設立學校，我們那個時候抱持著很樂觀的態度，很希望中興大學來能帶動景氣、能拉進來。因為人越來越少、生意越來越難做，可是後來破局了。其實我們都很期待，學生來對我們來說是最好的。」

〔註105〕 中興新村前省政資料館主任，鍾起岱先生口述，鄒孟廷訪問，2022 年 10 月 28 日於向上公園，南投縣南投市向上五路 69 號。

〔註106〕 〈中興新村宿舍朝社宅規畫〉，《聯合報》，2022 年 6 月 11 日，第 B2 版。

〔註107〕 〈興大進駐中興新村追繳宿舍引發緊張〉，《聯合報》，2022 年 5 月 4 日，第 B2 版。

〔註108〕 李毓嵐、張永昇訪問、紀錄，薛富盛校長口述，〈擘劃百年永續經營·拓展中興新村大學城〉，頁 13。

圖 64：中興大學循環經濟研究學院

來源：筆者拍攝，拍攝日期：2022 年 10 月 28 日。

　　中興大學正式進駐中興新村後，對於該宿舍群的活化多了一份新的契機。當地居民與商家對此看法如何？對於商家來說是很樂意的，不過同時也會擔心學校只規劃少部分科系於南投校區、學生人數不多。畢竟中興新村自精省、九二一地震後，就業機會減少與宿舍群的損毀，相對使中興新村內的人潮越來越少。如中興大學進駐至此，不僅會帶動商機，同時也會滿足中興新村低消費商家之需求；〔註 109〕另外當地居民也是樂意的，不過同時也會擔心學生進來之後，原本該宿舍群之寧靜環境會被打擾：〔註 110〕

　　現在又聽到中興大學來了，已經設立了，我們也期待啦！但就是說，

　　它（中興大學）帶來的商機，可能沒有像一個大的部門那麼多人，

〔註 109〕中興新村前省政資料館主任，鍾起岱先生口述，鄒孟廷訪問，2022 年 10 月 28 日於向上公園，南投縣南投市向上五路 69 號。內容：「中興新村這個地方作為一個政府特區，現在，中興新村裡面有幾間文創為名的餐飲店，沒有經濟支援誰都撐不下去。中興大學來就會有學生，最基本的需求，例如：吃的、喝的、穿的、玩的。」

〔註 110〕中興新村辦公人員（國家發展委員會檔案管理局，臺灣省政資料館專門委員），蔡志雄先生口述，鄒孟廷訪問，2022 年 11 月 18 日於臺灣省政資料館。內容：「有一次我們那時候中秋節，役政署的替代役五點半在辦烤肉，正要high 的時候，周邊居民大概七點就打電話去派出所說，我們要睡覺。這個地方真的就是說鄉下人都比較早睡。」

那到底影響大很多？我們樂觀其成。是會看好，但又怕說來設立的學系可能也不多啦！〔註111〕

如果真的對我們當地人來講，我們並沒有希望興大進來，因為說真的多多少少會造成當地居民，不管是交通啊環境啊還是……。可是進來也很好啦，因為中興新村真的是沒落很久，很多宿舍都荒廢，其實是有點可惜。〔註112〕

中興大學來當然是加分，民眾也很歡迎，但是也怕說小朋友的生活型態與這邊不太一樣的過程當中，會不會造成居民生活型態的衝突以及社會文化的轉變。不過我們還是希望中興大學能進來，至少引進了資源，把舊的廳舍更新，看起來就變得很舒爽！〔註113〕

中興新村一方面提供土地，解決中興大學擴展教學空間的需求，另一方面是透過該校所引進之資源與人才，使該宿舍群閒置空間得以活化，並結合以上北核心之省府機關及中核心之生活機能區等，共同將歷史之舊建築文化加以保留，兩者呈互助關係且共同為中興新村之發展前景而努力。不過中興大學進駐後，勢必也會改變中興新村當地商家與居民原有的生活型態，兩者如何進行調整、磨合為日後須思考的問題。

四、持續運作與都市發展：黎明新村

黎明新村與中興新村相同為戰後臺灣行政機關的辦公地點。從下頁圖 65 可以發現該宿舍群周邊有二至三個重劃區，重劃區的規劃與建設對於都市範圍的擴張與更新而言，為一重要的發展工具。其中，七期重劃區為臺中市最具指標性的重劃區，同時也是 2000 年代後臺中市中心商業區、住宅區之分布範圍。

另外，黎明新村為臺灣省政府興建的最後一個宿舍群，對於省府疏遷過程中的歷史記憶佔有重要角色。不過值得注意的是，黎明新村最早在 1960 年代末規劃於干城營區，其後於 1970 年代才更改地點至上圖 5-15 之所在地。與此

〔註111〕 中興新村商家，合宏眼鏡咖啡館店長口述，鄒孟廷訪問，2022 年 10 月 28 日於合宏眼鏡咖啡館。

〔註112〕 中興新村辦公人員兼住戶，朱小姐口述，鄒孟廷訪問，2022 年 10 月 28 日於行政院農業委員會農糧署。

〔註113〕 中興新村辦公人員（國家發展委員會檔案管理局，臺灣省政資料館專門委員），蔡志雄先生口述，鄒孟廷訪問，2022 年 11 月 18 日於臺灣省政資料館。

同時，1960 年代起臺中市正陸續進行都市計畫及重劃區的開發，因此在兩者興建時間點之重疊下，我們可以運用都市發展的視角討論 2000 年代後黎明新村的進展，思量兩者之間的關係。

圖 65：黎明新村範圍圖

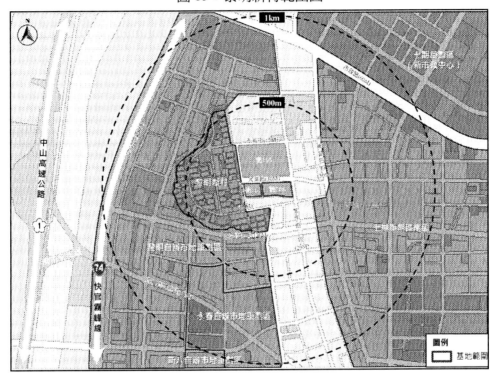

來源：「黎明新村都市更新案及高雄自來水廠宿舍案研商會議」（2010 年 11 月 26 日），〈黎明新村都市更新案及高雄自來水廠宿舍案研商會議案〉，《行政院》，機關檔案目錄網（原件：內政部），檔號：109-F060199-00010ED01-290。

（一）臺中都市發展過程

1. 都市計畫

清領時期的臺中市規模是以臺灣府城、東大墩街為基礎。日治初期日本人前來臺灣發現其城市街道狹窄、房屋老舊、環境衛生差，除了會影響在臺日人的居住生活、投資意願之外，也會導致疾病蔓延。因此在日本治臺期間對於臺灣 70 個地區進行都市計畫，搭配鐵路建設共同帶動了都市的發展。其中在 1935 年（昭和 10 年）的計畫裡可以發現臺中市的舊市區範圍從中、東、西、南、北區陸續向西、南與西北方擴張，之後在 1943 年（昭和 18 年）市區總範圍更

擴及北屯、南屯與西屯等區。〔註114〕

　　接著到了戰後時期，中華民國政府遷臺以及鄉村人口陸續往都市移動，在人口大幅增加之情況下，都市計畫的需求與實行對於空間環境的改善必不可少。下圖66為戰後臺中市都市計畫之分布圖：

圖66：舊臺中市都市計畫主要計畫分布圖

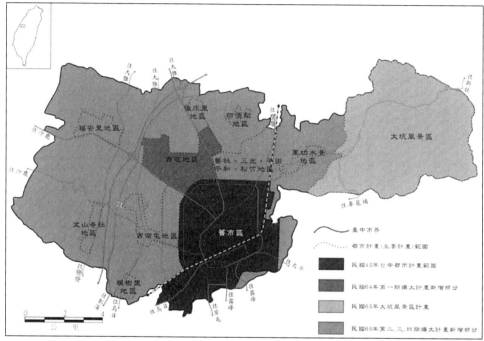

來源：陳國川主持；國立中興大學編纂，《臺中市志‧地理志》（臺中市：臺中市政府，2008年），頁228。

　　1953年（民國42年）臺中市政府開始重新檢討都市計畫，並於1956年（民國45年）開始實施，範圍包括東、西、南、北、中區全部以及西屯、南屯、北屯之部分區域，參見上圖66之藍色部分。其後，臺中市政府於1975年（民國64年）及1977年（民國66年）進行第一期及第二、三、四期的都市計劃，〔註115〕範圍皆以舊臺中市為主，參見上圖66，希望藉由擴大都市計畫區，不僅可舒緩舊市區之膨脹人口、降低市區與郊區之城鄉差異，同時為了具體落實都市計畫，市府更運用市地重劃的方式重新整理市區土地。

〔註114〕張勝彥編纂，《臺中市史》（臺中市：中市文化，1999年），頁128～129。
〔註115〕賴順盛、曾藍田編輯，《臺中市發展史：慶祝建府百週年紀念》（臺中市：臺中市政府，1989年），頁297～299。

2. 市地重劃

　　市地重劃主要是將零星、形狀不一及低度利用之土地，藉由重組分合的方式經重劃後變成均勻整齊，且能運用於商業、住宅及公共設施等用途各自發揮。〔註116〕下圖67為臺中市重劃區之分布圖：

圖67：戰後臺中市歷次重劃區分布圖

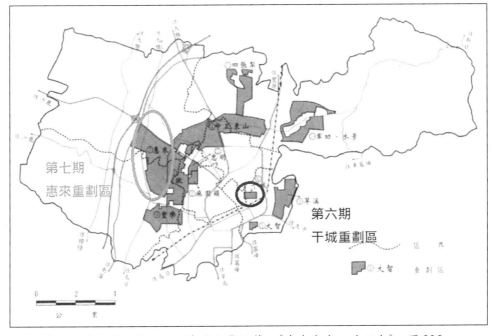

來源：陳國川主持；國立中興大學編纂，《臺中市志·地理志》，頁235。

　　市地重劃對於都市計畫的重要性可分為四點：第一、可消除不方正、低度利用之土地利於整體規劃；第二、重劃完後的完整土地，可依其各自屬性作為商業區或住宅區之用途；第三、可根據都市計劃的內容開闢道路、興建公共設施等用以提升土地價值；第四、土地價值提升後，地價稅及土地增值稅使政府的稅收金額遞增。以上可說明市地重劃不僅可將畸零土地進行重整，同時增加可利用土地面積的增加，一方面舒緩都市內日益膨脹的人口，另一方面對於都市規模的擴張大有裨益。因此臺中市於1965年（民國54年）開始進行第一期大智重劃區，自1965年至2003年（民國54年至92年）為止共進行11個重劃區，〔註117〕關於各區地理位置參見上圖67。

〔註116〕陳國川主持；國立中興大學編纂，《臺中市志·地理志》，頁233。
〔註117〕陳國川主持；國立中興大學編纂，《臺中市志·地理志》，頁233～237。

　　承上圖 67，如運用都市發展的視角，除了能夠了解戰後臺中市重劃區的擴張情形之外，也可以觀察到部分重劃區的發展時間與地點，與黎明新村是可以互相對照的：

　　首先為第六期的干城重劃區，該區之重劃時間為 1987～1990 年（民國 76～79 年）間。〔註 118〕如前所述，此區曾經作為黎明新村之暫時辦公區，等到黎明新村 1979 年（民國 68 年）完工後才將機關單位遷至現今所在地。此區地理位置鄰近臺中火車站，當時即考量如規畫商業區較能符合經濟效益，因此機關搬遷完畢之後配合整體都市計畫及重劃的進行，規劃為一典型商業區、興建停車場及公園綠地等公共設施。同時該區之前身為軍方用地，重劃後也可解決國有、省有、軍方與私人土地之複雜情形。〔註 119〕

　　其次為第七期的惠來重劃區，該區之重劃時間為 1990～1992 年（民國 79～81 年）間，總面積約 353 公頃，〔註 120〕從上圖 65 可以發現黎明新村位於該重劃區之西側。以空間特性來看，1990 年代以前臺中市中區仍為該市重要的商業區，當時七期重劃區仍為一片荒地。不料在 1990 年代舊市區受到衛爾康西餐廳大火、九二一地震與市府拆除違建的影響而導致中區的沒落，反之在國道、重劃區完成後，交通便利性的提升使商業、人潮逐漸往西移，該重劃區逐步取代中區成為臺中的新興商業區。由此可知，臺中市政治商業核心的西移，正好與 1970 年代省府單位由臺中火車站附近的干城營區至七期重劃區周邊之移轉方向是一樣的。另如以時間特性來看，可以發現黎明新村整體規劃與興建時間皆座落於 1970 年代，1979 年（民國 68 年）完工之後從干城營區遷至現今地點。市府除了將原地點規劃為第六期重劃區，其後又陸續開始規劃第七期重劃區之範圍、擬定其重劃後的功能。因此從以上空間與時間之相近性，我們可以推斷黎明新村的發展，或許為日後市府七期重劃區的選址與開發埋下了伏筆。

　　從以上臺中都市發展過程中可以發現，黎明新村從最初干城營區之規劃至現今辦公地點的發展，與 1960 年代起臺中整體都市計畫、市地重劃息息相關。不僅如此，當時省府重心仍留置於光復新村與中興新村，是以將黎明新村

〔註 118〕張勝彥編纂，《臺中市史》，頁 426。

〔註 119〕孟祥瀚主持；國立中興大學編纂，《臺中市志‧沿革志》（臺中市：臺中市政府，2008 年），頁 200。

〔註 120〕孟祥瀚主持；國立中興大學編纂，《臺中市志‧沿革志》，頁 200。

設置於此交通便利位置，也能加強與以上兩宿舍群之聯繫。〔註121〕惟近幾年在整個臺中都會區快速發展的大環境之下，國道、快速道路等重要交通路線皆經過黎明新村所在的南屯區，透過大量通勤人口帶動周邊大型商圈與重劃區之發展，造成該區土地需求量日益增加。〔註122〕於此情況下，政府與黎明新村居民，也面臨該如何於經濟效益與環境維護二者維持適當的平衡？

（二）經濟效益與環境維護

1. 變更商業區

在商圈及重劃區的快速發展下，除了提升黎明新村社區的土地價值之外，也為該宿舍群之居民帶來了考驗。自2011年（民國100年）起中央為配合新市政中心、七期重劃區的發展，有意將黎明新村現今所在地變更為商業用地，並將該宿舍群之現有機關搬遷至中興新村。一方面能擴大都市用地以較符合經濟效益，另一方面則可以將中部辦公室全數集中至中興新村。〔註123〕此消息一出立即受到市府及該社區之居民強烈反對，認為該社區有完整的公共設施且具歷史意義，最後此都更計畫就此作罷。〔註124〕

2. 黎明溝

以上的都更計畫，呈現黎明新村的發展該如何取捨於經濟效益與土地保留兩選項之過程。另外，環境問題對於該宿舍群的考驗也值得探討。1986年（民國75年），臺中市在黎明新村周邊規劃「第二單元黎明自辦市地重劃區」，〔註125〕見下圖68。黎明自辦市地重劃區位於黎明新村西側，兩區中間為長約

〔註121〕黎明新村住戶，馬太太A口述，鄒孟廷訪問，2022年10月27日於楊太太住家。內容：「以前曾經有人說黎明新村是一顆黑珍珠，當初他為什麼規劃在這個地方？他就有算好，這個地方以後高速公路會在這邊設，然後幹嘛之類的。然後這個地方要開車多久去，那個時候霧峰還很重要、中興新村非常重要，所以它（省府）都把這個路線大概都畫好了。」

〔註122〕黎明新村鄰長，許先生口述，鄒孟廷訪問，2022年10月21日於黎明里活動中心。內容：「靠近高速公路，5分鐘、10分鐘就可以到高速公路，然後到清泉崗機場也變近的，另外還有高鐵，所以原則上，這裡公共設施的規畫包括郵局、台灣銀行，讓黎明新村的房價翻了好幾倍。」

〔註123〕〈臺中黎明新村都更「進行前置作業」〉，《聯合晚報》，2011年6月6日，第A6版。

〔註124〕〈吳揆：黎明新村不會搬胡：感激〉，《聯合報》，2011年6月12日，第A11版。

〔註125〕林燕如撰稿，黎明新村的挑戰|我們的島〔線上資源〕，https://ourisland.pts.org.tw/content/%E9%BB%8E%E6%98%8E%E6%96%B0%E6%9D%91%E7%9A%84%E6%8C%91%E6%88%00，瀏覽日期：2022年9月10日。

四、五公里的黎明溝。此重劃區的設立除了將原有農地轉變為建地之外，同時也為黎明溝帶來影響。

圖 68：黎明自辦市地重劃區與黎明溝

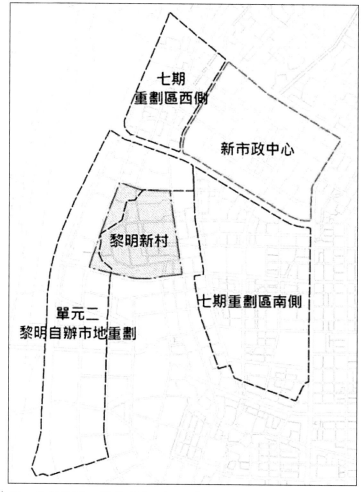

來源：重劃改道，黎明不再，https://www.newsmarket.com.tw/blog
/57348/，瀏覽日期：2022 年 9 月 10 日。

　　黎明溝，原為提供黎明新村排放雨水及該重劃區尚未重劃之前的農地作灌溉之用，不過之後為了配合重劃區的發展，該河流卻被畫進住宅區預計進行填平工程，〔註126〕該宿舍群之居民擔心黎明溝遭填平後，將會影響黎明新村

<hr />

〔註126〕黎明新村住戶，前黎明里里長、前社區發展協會會長、理事長，林茂生先生
　　　　口述，鄒孟廷訪問，2022 年 10 月 21 日於臺中市南屯區黎明社區發展協會。
　　　　內容：「黎明溝以前是灌溉溝，還沒重劃以前，四處都是田地。因為縣市合併

之排水情況，因此於 2009 年（民國 98 年）底開始陸續進行抗爭、搶救，最後居民成功保留約四百公尺河道，〔註127〕對於在周邊重劃區發展下，黎明溝一度面臨填平危機之過程，以下為黎明新村居民之意見與看法：

> 我們社區的人很多都反對嘛，那里長也很積極地幫我們爭取不要填平，所以我們大概有 4、500 公尺沒有被填掉。因為如果填掉的話，那邊就會變成重劃區的地，他們就可以蓋房子。〔註128〕

> 建商想把那個土地完整，想把那個水溝蓋掉，我們就抗爭只留這麼一小段，很可惜。〔註129〕

> 黎明社區是經過爭取、抗爭，不讓他們進來，他們原本想進來跟我們是連在一塊的。他們外面的建商原本想把路開開，讓它整個通、給它（黎明溝）填起來，這樣腹地比較大吧！所以是經過抗爭的、經過談判的，就是我們堅持要留這個黎明溝，堅持不准進來。〔註130〕

從以上口述資料可以發現，大部分居民是不同意重劃區將黎明溝填平的。一旦重劃區將其填平之後，新填平的土地將作為道路，作為重劃區與黎明新村間的連接功能。如此一來，開通道路後所帶來的車流量，不僅將會影響原本寧靜的社區，〔註131〕同時也會間接干擾居民的生活。因此居民大多持反對意見。雖然抗爭、達成共識後成功留了四百公尺，不過社區居民仍然覺得可惜，因為黎明新村的居民，早已把黎明溝之周邊綠地當作他們生活的一部份了。下圖 69 與圖 70 為黎明新村與重劃區之分界情形：

　　變成一個大都市，本來重劃要把那個水溝給弄掉，後來我們就陳情，叫市長一定要留下，一個大城市就應該要有一個有水、有水生、有生態，有一個好的環境，那個品質就不一樣了，不要把水溝弄掉，硬梆梆嘛！生活好像就沒有那麼有活力，所以那時候就把它（黎明溝）留下來。」

〔註127〕黎明新村鄰長，許先生口述，鄒孟廷訪問，2022 年 10 月 21 日於黎明里活動中心。內容：「當時是那個二期重劃區要把它整平，後來我們居民、里長很多人去找胡市長，希望能保留 400 公尺。」

〔註128〕黎明新村住戶，汪太太口述，鄒孟廷訪問，2022 年 10 月 21 日於黎明里活動中心。

〔註129〕黎明新村住戶，馬太太 B 口述，鄒孟廷訪問，2022 年 10 月 27 日於楊太太住家。

〔註130〕黎明新村住戶，涂太太口述，鄒孟廷訪問，2022 年 10 月 27 日於楊太太住家。

〔註131〕黎明新村住戶，汪太太口述，鄒孟廷訪問，2022 年 10 月 21 日於黎明里活動中心。內容：「填平的話，道路就開了嘛，這樣就可以直接通到我們社區裡面，然後那個車流量就很大，這樣就完全沒有那種寧靜的感覺。」

圖 69：黎明新村與重劃區之分界

來源：筆者拍攝，拍攝日期：2022 年 10 月 21 日。

圖 70：黎明新村與重劃區之連接橋（現已封閉）

來源：筆者拍攝，拍攝日期：2022 年 10 月 21 日。

　　從上圖 69、圖 70 可以發現，黎明新村與周邊重劃區的聯絡便橋，已呈現封閉狀態，兩區各自獨立運作。雖然黎明溝只保留了約四百公尺，不過里長與居民們積極地將其進行生態保育，成功地將此打造為一條生態水溝。〔註 132〕

〔註 132〕黎明新村住戶，前黎明里里長、前社區發展協會會長、理事長，林茂生先生口述，鄒孟廷訪問，2022 年 10 月 21 日於臺中市南屯區黎明社區發展協會。內容：「留下來以後，當然需要改造啊！那以前灌溉溝只是一條水溝而已啊！重新把水岸改掉，變成生態水溝，我們種的都是植物啦！不是雜草哦！裡面養的都是一些生態嘛！平常保養生態比較辛苦啦！那個魚是吳郭魚，本

同時，除了社區居民組成志工，定期清理淤泥、雜草之外，黎明國中學生也會前來組成志工團隊，與居民共同積極展開護溪、生態保育、環境教育等活動，整治該河流之生態環境。〔註133〕從以上過程，一方面呈現黎明新村居民整體的向心力，另一方面也顯現出他們非常看重整體社區的綠地範圍，對此，似乎與新市鎮概念中對於戶外空間的保留是互相對照的。

精省後，黎明新村與中興新村同樣為臺灣行政機關之辦公地點。不過值得注意的是，黎明新村的興建時間為1970年代，此時臺灣正實行十大建設，臺中地區方面的建設包括國道一號、臺中港工程的開發，因此在交通建設、經濟產業兩方面之挹注下，也帶動了整個中臺灣都會帶的發展。

圖71：黎明溝

來源：筆者拍攝，拍攝日期：2022年10月21日。

　　來就有了啦！那個鯉魚、紅鯉魚是我們這裡放的，那個鴨子是有朋友送我兩隻綠頭鴨，綠頭鴨有生蛋，生一些小鴨，慢慢把牠們養大的，另外有兩隻白色的是櫻桃鴨是這邊的小朋友養的。」

〔註133〕黎明新村住戶，前黎明里里長、前社區發展協會會長、理事長，林茂生先生口述，鄒孟廷訪問，2022年10月21日於臺中市南屯區黎明社區發展協會。口訪內容：「我們有一些志工，志工他們是一個月整理兩次，第二個禮拜跟第四個禮拜，前天也有黎明國中的學生啊，他們都會申請來做一些志工、外面講習一些生態呀，生態講習。」

圖 72：黎明溝（左為重劃區；右為黎明新村）

來源：筆者拍攝，拍攝日期：2022 年 10 月 21 日。

　　另外，黎明新村正好位於國道一號與七期重劃區之間，固然坐擁交通便利、生活機能健全之優勢，惟在臺中市中心商業區逐漸西移的情況下，南屯區的重劃區推案越來越多，不僅使黎明新村當地房價上升，同時也為該社區衍生了環境問題。以黎明溝為例，歷經填平危機後，社區居民將該河流作為一個生態復育基地，〔註134〕除了呈現黎明新村被重劃區圍繞下，所造成土地開發與居住環境兩者之矛盾外，同時顯現社區居民團結的社區意識及對於戶外空間可及性的重視程度。〔註135〕

〔註134〕黎明新村鄰長，許先生口述，鄒孟廷訪問，2022 年 10 月 21 日於黎明里活動中心。內容：「現在是純粹的原生生態的教育園區，我們就維持有鳥、有魚，有很多小動物。」

〔註135〕黎明新村住戶，汪太太口述，鄒孟廷訪問，2022 年 10 月 21 日於黎明里活動中心。內容：「現在這樣子的話，中間有個河，叫黎明溝。我們又可以散步又有景觀，這很舒服的環境。」；〈黎明溝改暗溝居民搶救〉，《聯合報》，2010 年 1 月 24 日，第 B1 版。

第六章 結 論

　　本文以臺灣省政府疏遷與宿舍群的建立作為主軸，探討臺灣省政府從「疏散」至「疏遷」之政策轉變，且細究當時擔任疏散工程處主任的劉永楙，對於省府宿舍之選址、規劃與興建有何重要性？另外，五個省府宿舍群象徵疏遷政策的發布與結束，除了呈現各自的規畫特色與興建過程外，亦討論在 1990 年代中央政策的發布與執行下，各宿舍群在社會發展趨勢下，是以什麼現況作為續篇？

　　1940 年代末中華民國政府遷往臺灣，對臺灣造成兩方面之影響：一方面象徵「中央政府」的中華民國政府，與象徵「地方政府」的臺灣省政府兩個機關重疊，導致臺北辦公廳舍過於飽和、擁擠；另一方面，為了預防行政中心集中於臺北，成為敵軍空襲目標，自 1950 年代初，中央與地方發布一系列之防空疏散政策，省府初步進行疏散外雙溪工程。不過 1950 年代兩岸戰事之陸續發生、中美共同防禦條約的簽訂之下，不僅使中華民國政府遷回中國的可能性越來越小，同時考量中央政府與省府的位階問題及區域均衡之情況下，為了使中華民國政府能繼續使用臺北辦公廳處之空間，省府從最初的「疏散」外雙溪演變至「疏遷」中部。

　　臺灣省政府的疏遷工程最後於 1957 年（民國 46 年）正式完工，整體疏遷單位之搬遷情形，並非一次全部將其進行搬遷，而是共分為兩個階段進行。省府最初將疏遷地設置於臺中霧峰，卻因其位置與北溝故宮距離太過接近，擔心遭到中共空襲，此外當地土地問題仍待解決，因此經省府高層及疏散工程處主任劉永楙討論商議後，勘查南投營盤口並將疏遷地設置於此，臺中霧峰則視為省府的「第一疏遷區」；南投營盤口則被視為「第二疏遷區」，前者作為後者之

輔助用地。

　　任職疏散工程處主任的劉永楙，在省府疏遷政策中參與了地點選擇、工程規劃與進行，並爭取聯合國獎助學金前往英國考察自來水、新市鎮概念，此時正值英國二戰後為都市重建、興建新市鎮之風潮，對於日後省府宿舍群之規劃提供一參考藍圖。劉永楙之專長包括市政、自來水與環境衛生工程等領域，早於二戰前開始奠基，在八年抗戰期間返回中國參與戰時救援、改善環境之工作，成功將其專才發揮得淋漓盡致。二戰結束後奉命來臺，所擔任之工作職位自都市計畫組組長乃至建設廳副廳長，期間對於戰後臺灣重建工作無役不與，對於臺灣城市規劃與公共建設之規畫佔有不可或缺的角色。其中在 1952年（民國 41 年）擔任土木科科長期間，爭取獎學金遠赴英國考察自來水、新市鎮概念。

　　至於，劉永楙當時赴英國考察的是哪一座新市鎮？雖然從他的日記內容無法獲知，如以時間點進行推測，他赴英國考察的時間點正值英國規劃第一代新市鎮之風潮；不過如以規劃特色來看，英國第一代新市鎮概念之籌備，融合了鄰里單元、土地分區原則，整體構想更可追溯至 19 世紀末的田園城市（Garden Cities）。該理論在社區規劃方面，強調自給自足，且對於住宅、道路、公共設施如學校、公園、市場等之分布有既定的構想。1920 年代起，美國城市規劃師們以該理論為基礎提出鄰里單元原則，強調道路層級分類、公共設施的建立、人行道之設計等，皆用以舒緩社區內的車流量以及保障道路行人安全等。之後，二戰結束英國為都市重建、改善人口膨脹之情況，制定新市鎮法並興建第一代新市鎮，除了包括衛生、社會平衡與自足性等原則之外，包括了人口規模、綠化建設等，是以無論劉永楙考察的是哪一座新市鎮，其規劃特色實則結合田園城市、鄰里單元與雷特朋計畫之三個概念。

　　劉永楙考察回臺後，正值 1950 年代美援期間，對於人才培育與技術研究相當重視之際，將所考察的英國新市鎮概念帶回臺灣，並嘗試試驗至光復新村、中興新村之規劃。不過值得注意的是，劉永楙於 1957 年（民國 46 年）1月離開臺灣，受聯合國聘請至世界衛生組織工作。因此，從時間點上可以發現，劉永楙固然為兩宿舍群中重要的考察者與規劃者，惟 1950 年代受二戰後學術風氣、技術研究薰陶的建設廳工程總隊中之成員，精研各自之專長領域、運用赴外考察的經驗，同樣對於光復新村、中興新村之籌備與修建佔有關鍵作用的角色。

　　1950 年代的光復新村、中興新村經籌備與修築後，陸續有省府之合署辦公機關進駐至此。其後，1960 年代隨著省府組織、業務日漸擴大，間接造成辦公人員需求、退休人員趨增且為分散軍事風險，分別於臺中市北屯區與西區興建長安新村與審計新村作為因應對策；除此之外，1950 年代省府執行疏遷政策時僅將重要機關向中部遷移，其餘少數二、三級仍留駐於北部，長期造成人員處理辦公業務北、中兩地往返不便，再加上 1967 年（民國 56 年）臺北市改制為直轄市，此舉使省府遷回臺北之可能性大大降低，是以省府直至 1970 年代開始興建省府最後一個宿舍群，黎明新村。

　　那麼，五大省府宿舍群之規劃是否符合英國田園城市、第一代新市鎮概念？以下我們先討論光復新村、中興新村與黎明新村。首先，在公共設施方面，市場、公園、學校與鄰里單元之生活型態等，不僅充分體現了社區整體自給自足之原則，同時綠地的設置也滿足社區居民對於戶外空間之可及性；其次，在道路設計方面，雖然三個宿舍群之道路設計不盡相同，但主要幹道之規劃、道路層級分類等，居民可利用各級道路抵達目的地，提供社區居民生活之方便性；最後，在土地分區方面，中興新村與黎明新村兩宿舍群更將工作區、住宅區做明顯區分，光復新村雖僅作為住宅區，但該宿舍群仍擁有健全的公共設施。透過以上指標可以發現，以上三個宿舍群皆延續了英國田園城市、第一代新市鎮之衛生、社會平衡與自足性的規劃理念。

　　不過，有學者指出：以上三個省府宿舍群與英國新市鎮的規劃概念有所落差，以最具代表性的中興新村為例說明。第一、市地與農地之比例問題，中興新村之綠地面積範圍與英國新市鎮相較之下有所差距，雖然該宿舍群在公園、綠地的分布以及行道樹之種植，與英國新市鎮之形成背景相似，皆充分體現環境的重要性，惟綠地之分布空間與英國新市鎮之標準範圍仍有不小的距離；〔註1〕第二、時間問題，規劃一座新市鎮需有較長遠的時間進行討論、試驗與籌備，不過可以發現該宿舍群之興建背景是建構在 1950 年代兩岸的緊張局勢，因此在時間的急迫性及經費不足的情況下，〔註2〕大致上是運用英國田園

〔註 1〕　田園城市的農地／市地比例為 83：17；中興新村的農地／市地比例為 43：57，
　　　　　兩者相差甚多。參見埃伯尼澤‧霍華德（Ebenezer Howard）著；吳鄭重譯，
　　　　　《百年眾望經典‧明日田園城市》，頁 44～47。
〔註 2〕　林曉慧，〈中興新村流轉年代的文化資產價值〉，頁 184；王怡雯，〈中興新村
　　　　　的現代性——西方理想城鎮規劃的臺灣經驗〉（臺中：東海大學建築學系碩士
　　　　　論文，2002 年），頁 52。

城市、第一代新市鎮之想像作為整體的社區規劃。〔註3〕是以，中興新村將英國新市鎮概念完美複製與否？可留待日後再深入探討。

　　除此之外，光復新村與中興新村在歷史定位上，一方面除了配合疏遷政策執行外，另一方面也象徵二戰後由西方國家所引進的新技術於臺灣成功實行與否。兩宿舍群的興建不僅與省府之歷史脈絡環環相扣，同時可與相同時期的永和都市計畫、林口新市鎮等相關案例進行對話，對於二戰後臺灣的城市規劃是重要的參考典範。

　　相較之下，長安新村與審計新村兩宿舍群之地理位置皆位於臺中市區，人口、興建規模較小，居民多利用附近學區與商圈，在生活型態上較缺乏自給自足原則，且社區內公共設施之建造、主要幹道之設計等尚無明顯特徵。除此之外，兩宿舍群之定位為單純的職員宿舍，與以上三個宿舍群將住宅、生活機能兩者合而為一之功能社區不同，因此除了部分建築之庭院設計相似外，其餘較無明顯符合上述新市鎮之概念。

　　1990 年代末期的臺灣省政府五大宿舍群，除了九二一大地震之外，在中央政策的實行下面臨了新的變化，其中受精省、國有宿舍及眷舍房地加強處理方案等影響程度最大。1998 年（民國 87 年）臺灣實行精省制度下，省府原有的一級機關為六廳十九處四會，在中央實行精省政策後卻裁併為六組五會二室，造成省府人員的就業機會減少、省府宿舍群之人口逐漸外流，更直接導致省府宿舍群的沒落；另外在眷舍房地方面，1999 年（民國 88 年）臺灣發生九二一大地震，使光復新村、中興新村受災情況嚴重，再加上精省後所導致的空屋情形，行政院為整理閒置、低度利用之國有老舊眷舍，於 2003 年（民國 92年）推動國有宿舍及眷舍房地加強處理方案，在中央的措置下光復新村、長安新村與審計新村被核定騰空標售，中興新村則因歷史人文意義被規劃為專案保留。

　　經過以上中央政策的發布後，五個省府宿舍群分別以文化保存、拆遷與持續運作等三個方式發展作為續篇。首先，在文化保存方面，光復新村除了受精省影響之外，在九二一地震的衝擊下更直接導致該宿舍群之衰退，該災害雖然為光復新村帶來了破壞，但其留下的九二一地震教育園區卻成為該宿舍群的指標景點，之後搭配文化景觀的登錄、摘星計畫所引進的文創市集，使該宿舍群與審計新村帶來了人潮，現今仍然運用文化保存與文創市集的方式進行中；

〔註 3〕戴嘉慧，〈臺灣花園城市中興新村——烏托邦想像之境？〉，頁 42。

其次，在拆除方面，長安新村在實施騰空標售後，面臨閒置、荒廢問題而成為當地治安死角，之後配合市府政策將其拆除並改建為社會住宅基地；最後，在持續運作方面，中興新村與黎明新村皆為行政機關之辦公地點。中興新村自精省、九二一地震後雖然造成人口流失、經濟蕭條之情況，但省府原有之行政機能持續運作。除此之外，自 2000 年代後政府與地方為避免中興新村持續沒落，相當注重該宿舍群之文化保存及經濟發展，期望透過以上方式使該宿舍群復甦、恢復當年榮景。文化保存方面，政府與地方運用歷史底蘊的角度，凸顯了該宿舍群之文化價值並加以保存；經濟開發方面，政府原希望透過高等研究園區及活化專案辦公室加以復甦，不料效果卻不甚明顯。之後，在政府與中興大學努力之下將其打造為一大學城，並與行政機關一同運作著。另外，被重劃區所圍繞的黎明新村，在臺中都市發展及中央的經濟建設下，雖提升該宿舍群之生活機能與房價，但日後如何於追求都市發展下同時保留歷史特色、維持原有該宿舍群之優質環境，依然考驗著政府與居民。

總體來說，本文根據公文檔案、日記、報紙、口述資料及其他文獻之整理，可以發現臺灣省政府疏遷政策的執行、宿舍群之建立與國家政策、新市鎮互有連動關係之外，本文發現部分宿舍群之現況，與當代的環境議題有所關聯：

首先，以天然災害與環境重建為代表的是光復新村。該宿舍群在九二一地震發生後，周邊環境殘破不堪，政府當時計畫將光復國中的操場改建為九二一地震教育園區。不過如前所述，起初當地居民是不樂見的，並且認為該工程的興建諸如道路開發、房屋拆除及遊客湧入將破壞原有的社區環境，其後經過一連串溝通與討論後雙方才達成共識。從以上九二一震災後至地震教育園區的設立可以呈現，政府與居民如何克復天然災害對於居住環境所帶來的影響並與之共存的過程。

其次，以經濟效益與環境治理為代表的是中興新村。該宿舍群同樣也是在九二一地震後周邊環境陸續受到重視，精省後中央欲透過規劃高等研究園區的方式活化中興新村，其中值得留意的是，中興新村曾經同樣受九二一地震之影響，因此在規劃高等研究園區之前，規定在斷層兩側 30 公尺內之分布範圍不能興建建築物。除此之外，人口規模、綠地運用與汙水排放的管制皆被列入規劃政策當中。由此可見環境議題在中興新村高等研究園區規劃過程中，不僅為重要的考量因素，同時也呈現政府如何在新的環境政策制定下實行經

濟效益。

最後，以土地開發與環境變遷為代表的是黎明新村。在空間與時間兩方面之比較下，該宿舍群之地理位置及開發歷程，皆與臺中市整體都市發展過程有重疊性。因此在都市化程度的提高、重劃區之範圍愈趨擴大之情況下，被重劃區包圍的黎明新村，勢必得面臨如何在土地開發的進行與居住環境之維持下做出應對。另外，該宿舍群與重劃區之間原將被填平的黎明溝，最後在居民的搶救下雖保留部分河道維持生態，但卻也實質改變該宿舍群原有的社區環境。以上如依環境史、都市計畫的角度進行探討將會發現，黎明新村除了在經濟效益之追求與土地環境的維護兩選項之間做取捨外，在土地開發的進行下也造就該宿舍群之環境變遷。以上三個宿舍群無論是天然災害、經濟開發亦或是都市發展，在面對各自挑戰的過程中，環境史也是值得關注的研究角度之一，不僅可以與當代環境議題進行對話，同時也可將各經驗給予其他案例作為參考。

光復新村、中興新村、長安新村、審計新村與黎明新村，為1950年代臺灣省政府疏遷政策下的產物。必須說明的是，上述五個宿舍群的居民是由省府公務人員及其眷屬所組成，與一般臺灣大多數由軍人入住的眷村性質並不相同。

臺灣一般軍眷村與軍事行政系統密切聯繫，大部分與當地的周圍社區關係薄弱，不僅與外界有地區上的劃分，同時在政治上也遵從軍方的領導。〔註4〕省府宿舍群與一般軍眷村相較之下，整體社區氛圍較缺乏強烈的國家意識、軍營中的階級觀念、團結對外的族群意識等眷村文化。〔註5〕除此之外，省府宿舍群為公務人員性質，年齡偏高者為外省人居多，年輕一輩大部分屬本省人居多，大多為透過考試錄取而入住。在外省人比例方面，一般軍眷村比省府宿舍群高；在選舉行為方面，一般軍眷村居民的政黨偏向，與省府宿舍群相比，更被視為國民黨的鐵票區。〔註6〕

不過，經筆者實地田野調查及口述訪談後，發現省府宿舍群與軍眷村相

〔註4〕林樹等編，《新竹市眷村田野調查報告書》（新竹：新竹市立文化中心，2007年），頁12～13。

〔註5〕楊昇展，《南瀛眷村誌》（臺南縣：臺南縣政府，2009年），頁20～24。

〔註6〕每到了選舉期間，我們光大一村大門口，一定掛上常常的紅色布條，上面貼幾個大字「本村一致支持？？？」。參見楊長鎮、莊豐家，《認識台灣眷村》（臺北市：民主進步黨族群事務部，2006年），頁206～210。

同，皆能呈現鄰里社區意識。如以規畫特色來看，臺灣部分大型軍眷村社區
與光復新村、中興新村、黎明新村相同，皆呈現自給自足的生活型態。〔註7〕
關於兩者文化的同質性與差異性，此課題日後可以運用文化史的角度再深入
探討。

　　如同緒論所言，本文主要探討的課題為臺灣省政府的疏遷政策與宿舍群
的建立，除了以歷史學的角度對於國家、政策領域進行論述之外，還需跨越至
城市規劃領域，實為一大挑戰，且礙於本文篇幅限制而未能詳細著墨，惟仍盼
對於國家政策與新市鎮概念在臺灣省政府疏遷、宿舍群中角色定位之探討有
所助益。此外在未來研究中，除了可以探討英國新市鎮概念在亞洲的推展情
形，甚或可針對不同新市鎮間的規劃特色之延伸進行研究，同時新市鎮與環境
二者息息相關，其關聯性與延續性有賴深入觀察與了解。

〔註 7〕除了眷糧發放外，眷村內的菜市場、軍眷診療所、活動中心、小學等，都自成
　　　　一個小型社會。參見朱天心，《想我眷村的兄弟們》（臺北市：前衛出版，1992
　　　　年），頁 92。

徵引書目

一、政府檔案與報告書

1. 《總統府》，臺北：國史館藏。
2. 《行政院》，臺北：國史館藏。
3. 《行政院》，機關檔案目錄網（原件：內政部）。
4. 《行政院秘書長》（原件：國家發展委員會檔案管理局）。
5. 《內政部》，機關檔案目錄網（原件：內政部）。
6. 《財政部國庫署》，機關檔案目錄網（原件：財政部國庫署）。
7. 《財政部國有財產署》，機關檔案目錄網（原件：財政部國有財產署）。
8. 《財政部國有財產署中區分署》，機關檔案目錄網（原件：財政部國有財產署中區分署）。
9. 《審計部教育農林審計處》，機關檔案目錄網（原件：審計部教育農林審計處）。
10. 《國家發展委員會檔案管理局》，機關檔案目錄網（原件：國家發展委員會檔案管理局）。
11. 《臺灣省行政長官公署》，南投：國史館臺灣文獻館藏。
12. 《臺灣省政府委員會議檔案》，南投：國史館臺灣文獻館藏。
13. 《臺灣省級機關檔案》，南投：國史館臺灣文獻館藏。
14. 《臺灣省政府秘書處》，南投：國史館臺灣文獻館藏。
15. 《臺灣省政府公共事務管理處》，南投：國家發展委員會檔案管理局藏。
16. 《臺中市政府財政局》，機關檔案目錄網（原件：臺中市政府財政局）。

17.《臺中市政府都市發展局》（原件：臺中市政府）。

18.《國立中興大學》，機關檔案目錄網（原件：國立中興大學）

19.〈臺灣省議會史料總庫‧議事錄〉，南投：國史館臺灣文獻館藏。

20. 建設廳疏散房屋工程處，《疏散工程處總報告》，南投：臺灣省政府，1960年。

二、日記、私人文書

1.〈1937 年 9 月至 1938 年 9 月日記〉（T1016_01_01_001），《劉永楙文書》（T1016），中研院臺史所檔案館數位典藏。

2.〈1938 年 12 月至 1939 年 1 月日記〉（T1016_01_01_002），《劉永楙文書》（T1016），中研院臺史所檔案館數位典藏。

3.〈1945 年日記〉（T1016_01_01_008），《劉永楙文書》（T1016），中研院臺史所檔案館數位典藏。

4.〈三十四年底甫抵臺灣日記〉（T1016_01_02_001），《劉永楙文書》（T1016），中研院臺史所檔案館數位典藏。

5.〈1954 年日記〉（T1016_01_02_002），《劉永楙文書》（T1016），中研院臺史所檔案館數位典藏。

6.〈1956 年日記〉（T1016_01_02_003），《劉永楙文書》（T1016），中研院臺史所檔案館數位典藏。

7.〈國民政府軍事委員會軍政部人員派令等文件〉（T1016_02_02_001），《劉永楙文書》（T1016），中研院臺史所檔案館數位典藏。

8.〈臺灣省政府建設廳副廳長任命文件〉（T1016_02_02_002），《劉永楙文書》（T1016），中研院臺史所檔案館數位典藏。

9.〈聯合國世界衛生組織駐外工作期間相本〉（T1016_02_04_002），《劉永楙文書》（T1016），中研院臺史所檔案館數位典藏。

10.〈我國環境衛生工作創始人戴雅先生〉（T1016_03_01_002），《劉永楙文書》（T1016），中研院臺史所檔案館數位典藏。

11.〈劉永楙自述影本〉（T1016_03_01_004），《劉永楙文書》（T1016），中研院臺史所檔案館數位典藏。

12.〈五十年回顧〉（T1016_03_01_010），《劉永楙文書》（T1016），中研院臺史所檔案館數位典藏。

13. 〈臺灣光復初期自來水政策主導者劉永楙先生〉（T1016_03_01_011），《劉永楙文書》（T1016），中研院臺史所檔案館數位典藏。

14. 林獻堂著，許雪姬等註解，《灌園先生日記（六）一九三三年》，臺北：中央研究院臺灣史研究所籌備處、近代史研究所，2000年。

15. 林獻堂著，許雪姬等註解，《灌園先生日記（廿七）一九五五年》，臺北：中央研究院臺灣史研究所籌備處、近代史研究所，2013年。

三、口述歷史、訪問紀錄

1. 林金田等採訪紀錄、黃宏森、林明洲編輯，《臺灣省政人物口述訪談（二）》，南投：國史館臺灣文獻館，2011年。

2. 呂芳上等訪問、謝采秀等紀錄，《都市計畫前輩人物訪問記錄》，臺北：中研院近史所，2000年。

3. 臺灣省文獻委員會，《臺灣省政府中興新村耆老口述歷史座談會紀錄》，南投：省文獻會，1998年。

4. 謝東閔，《歸返：我家和我的故事》，臺北市：聯經出版，1998年。

四、政府公報

1. 《行政院公報》。
2. 《南投縣政府公報》。
3. 《臺中市政府公報》。
4. 《臺灣省行政長官公署公報》。
5. 《臺灣省政府公報》。

五、報紙

1. 《中央日報》。
2. 《更生報》。
3. 《商工日報》。
4. 《經濟日報》。
5. 《聯合報》。
6. 《聯合晚報》。
7. 《臺灣民聲日報》。
8. Lorimer, Emily Overend, Mrs (Mrs D. L. R. Lorimer), Sir Ebenezer Howard

and the Town Planning Movement (The Times Literary Supplement Centenary Archive, 1933).

9. Times Literary Supplement Centenary Archive (TLSCA), The Letchworth Achievement (The Times Literary Supplement, 1963), p.835.

10. Times Literary Supplement Centenary Archive (TLSCA), Wembley; Letchworth, and other Modern Verses (The Times Literary Supplement, 1924), p.779.

五、專書

1. 立法院國會圖書館，《精省》，臺北市：立法院國會圖書館，1999 年。

2. 行政院研究發展考核委員會，《各國新市鎮發展概況》，臺北市：行政院研究發展考核委員會，1989 年。

3. 朱江淮口述、朱瑞墉整理，《朱江淮回憶錄》，臺北：朱江淮基金會出版，2003 年。

4. 辛晚教，《都市及區域計劃》，臺北市：中國地政研究所，1982 年。

5. 林桶法，《1949 大撤退》，臺北市：聯經出版，2009 年。

6. 林德俊，《霧繞罩峰：阿罩霧的時光綠廊》，臺中：臺中市政府，2018 年。

7. 李永熾監修、薛化元主編，《臺灣歷史年表，終戰篇 I（1945～1965）》，臺北市：業強出版，1993 年。

8. 紀俊辰，《精省與新地方制度——始末‧設計‧發展系論——》，臺北市：時英出版，1999 年。

9. 高明士主編、洪麗完等編著，《臺灣史》，臺北市：五南出版，2009 年。

10. 埃伯尼澤‧霍華德（Ebenezer Howard）著；吳鄭重譯，《百年眾望經典‧明日田園城市》，新北市：聯經出版，2020 年。

11. 黃秀政、張勝彥、吳文星，《臺灣史》，臺北市：五南出版，2002 年。

12. 黃朝琴，《朝琴回憶錄：臺灣政商耆宿黃朝琴》，臺北：龍文出版，2001 年。

13. 趙既昌，《美援的運用》，臺北市：聯經出版，1985 年。

14. 張玉法，《中國現代史》，臺北市：東華書局，1988 年。

15. 臺灣省政府，《走過中興新村榮光之路：臺灣省政府歷任首長重大省政建設畫冊》，南投：臺灣省政府，2001 年。

16. 薛化元、李福鐘、潘光哲，《中國現代史》，臺北市：三民書局，1998 年。

17. 鍾起岱，《打造城市夢想：都市規劃與管理》，臺北市：秀威資訊科技，2004 年。

18. 鍾起岱，《中興新村學：從臺灣省政府到高等研究園區》，臺北：蘭臺出版社，2017 年。

19. Ebenezer Howard, *Garden Cities of To-Morrow*, Cambridge Massachusetts: The Massachusetts Institute of Technology Press, 1965.

20. Edward Relph, The modern urban landscape, Baltimore: Johns Hopkins University Press, 1987.

21. Emmanuel V. Marmaras, *Planning London for the Post-war Era 1945~1960*, Cham: Springer International Publishing :Imprint: Springer, 2015.

22. Fishman Robert, Urban Utopias in the Twentieth Century: Ebenezer Howard, Frank Lloyd, Wrightand Le Corbusi, New York: Basic Books, 1977.

23. Harold Orlans, *Utopia Ltd: the story of the English New Town of Stevenage*, New Haven: Yale University Press, 1953.

24. Irning Lewis Allen, *New towns and the suburban dream*, Port Washington, N. Y.: Kennikat Press Corp, 1977.

25. Kermit C. Paasons, David Schuyler, From Garden City to Green City: The Legacy of Ebenezer Howard, Baltimore: The Johns Hopkins Uni7 versity Press, 2002.

26. Peter Hall, Cities of tomorrow: an intellectual history of urban planning and design in the twentieth century, UK: Blackwell Pub, 2002.

27. Robert Beevers, The Garden City Utopia: A Critical Biography of Ebenezer Howard, London: MacMillan, 1988.

28. Sandrine Glatron, Laurence Granchamp, The Urban Garden City: Shaping the City with Gardens Through History, Switzerland: Springer International Publishing AG, 2018.

29. Ward Stephen V, The Garden City: Past, Present and Future, London: E & FN Spon, 1992.

六、志書

1. 孟祥瀚主持；國立中興大學編纂，《臺中市志‧沿革志》，臺中市：臺中市政府，2008 年。

2. 洪敏麟，《臺灣舊地名之沿革第二冊（下）》，臺中：臺灣省文獻委員會，1984 年。

3. 施添福總編纂、陳國川編纂、羅美娥撰述，《臺灣地名辭書，卷十，南投縣》，南投：臺灣省文獻委員會，2001 年。

4. 施添福總編纂、陳國川、翁國盈編纂、張國鋒等撰述，《臺灣地名辭書，卷十二，臺中縣（二）》，南投：臺灣省文獻委員會，2006 年。

5. 陳柏州、蔡培慧，《臺灣的舊地名》，新北：遠足文化，2003 年。

6. 陳國川主持；國立中興大學編纂，《臺中市志‧地理志》，臺中市：臺中市政府，2008 年。

7. 張永楨、陳哲三著，《南投縣志（續修）沿革志卷一》，南投市：南投縣政府，2019 年。

8. 張勝彥編纂，《臺中市史》，臺中市：中市文化，1999 年。

9. 鄭瑞明等，《新修霧峰鄉志》，臺中：霧峰鄉公所，2009 年。

10. 賴順盛、曾藍田編輯，《臺中市發展史：慶祝建府百週年紀念》，臺中市：臺中市政府，1989 年。

七、期刊、論文集論文

1. 李毓嵐，〈林獻堂的愛佃設施——坑口農事自治村〉，收於李力庸、張素玢、陳鴻圖、林蘭芳主編，《新眼光——臺灣史研究面面觀》，新北：稻鄉出版社，2013 年，頁 425～454。

2. 李毓嵐、張永昇訪問、紀錄，薛富盛校長口述，〈擘劃百年永續經營‧拓展中興新村大學城〉，《興大校友》第 32 期，2022 年 10 月，頁 5～14。

3. 李君山，〈政府遷臺前期防空體系之建構（1949～1966）——以防空通信為中心的考察〉，《檔案季刊》第 9 卷第 2 期，2010 年 6 月，頁 94～113。

4. 李君山，〈政府在臺防空措施初探（1949～1975）〉，《中華軍史學會會刊》第 15 期，2010 年 9 月，頁 45～77。

5. 洪光榮，〈田園城市理論對小城鎮規劃發展的啟示〉，《孝感學院學報》第 30 卷第 3 期，2010 年 5 月，頁 79～81。

6. 馬萬利，〈田園城市理論的初步實踐和歷史影響〉，《浙江學刊》第 2 期，2005 年 2 月，頁 84～89。

7. 許峰源，〈國際合作在臺灣：聯合國與臺灣的都市計畫（1960～1971）〉，《檔案半年刊》第 19 卷第 2 期，2020 年 12 月，頁 42～57。

8. 張琳,〈一個簡單生活的地方〉: 瑞克利夫(William Ratcliffe,1870～1955)筆下的田園城市〉,《藝術評論》第 38 期,2020 年 1 月,頁 1～43。

9. 張琳,〈從「萬能鑰匙」到「永久居住」──田園城市早期的圖像和形象(1898～1909)〉,《興大人文學報》第 64 期,2020 年 3 月,頁 27～46。

10. 陳芳君,〈艾班尼澤‧霍華德(Ebenezer Howard,1850～1928)與其「田園城市」理論〉,《史學研究》第 22 期,2009 年 7 月,頁 177～215。

11. 廖緯民,〈興大新校區中投兩風光──本校南投中興新村校區定案展開〉,《興大校友》第 32 期,2022 年 10 月,頁 22～26。

12. 鄭梓,〈戰後臺灣的接收、復原與重建──從行政長官公署到臺灣省政府〉,《戰後初期的臺灣 1945～1960s》,臺北:國史館,2015 年,頁 3～44。

八、學位論文

1. 王怡雯,〈中興新村的現代性──西方理想城鎮規劃的臺灣經驗〉,臺中:東海大學建築學系碩士論文,2002 年。

2. 王培鴻,〈省府要塞:中興新村聚落空間之社會歷史分析〉,臺北:淡江大學建築工程研究所碩士論文,1990 年。

3. 王益興,〈精省前後臺灣省政府交際科角色扮演之比較研究〉,臺中:東海大學公共事務研究所碩士在職進修專班論文,2004 年。

4. 沈明錦,〈中興新村與光華國小的創建及發展(1957～2003)〉,臺中:國立臺中教育大學區域與社會發展學系國民小學教師在職進修教學碩士學位論文,2019 年。

5. 周志龍,〈臺灣省政府中興新村對於南投縣發展衝擊之研究〉,臺中:國立中興大學都市計畫研究所碩士論文,1985 年。

6. 林芊合,〈霧峰地區現代生活實踐──以光復新村為例〉,臺中:東海大學建築研究所碩士論文,2011 年。

7. 林曉慧,〈中興新村流轉年代的文化資產價值〉,雲林:國立雲林科技大學文化資產及維護碩士論文,2013 年。

8. 林欣君,〈以利害關係人觀點探討公有土地之開發與管理機制──以臺中市長安新村為例〉,臺中:逢甲大學土地管理研究所碩士論文,2013 年。

9. 林俐雯,〈從地方居民角度看中興新村觀光發展之研究〉,彰化:國立彰化師範大學地理研究所碩士論文,2017 年。

10. 郭昱霖，〈中興新村空間治理：結構與能動的對話〉，臺北：國立臺灣師範大學地理研究所碩士論文，2016 年。

11. 許雅芬、呂曜州，《黎明新村公共空間改造計劃》，臺中：朝陽科技大學景觀及都市設計系畢業設計，2012 年。

12. 張孟儒，〈地方發展即領域的再尺度化問題——南投中興新村案例研究〉，臺北：國立臺北大學都市計畫研究所碩士論文，2012 年。

13. 張家語，〈探討老屋活化再利用之懷舊情感、體驗價值與地方依戀之關係——以審計新村為例〉，雲林：國立虎尾科技大學休閒遊憩研究所碩士論文，2018 年。

14. 曹校雯，〈臺灣省政府組織變革之研究〉，臺北：國立臺灣大學三民主義研究所碩士論文，1999 年。

15. 陳胤宏，〈遠離臺北：臺灣省政府「疏遷」之研究（1945～1960）〉，南投：國立暨南國際大學歷史研究所碩士論文，2007 年。

16. 楊克華，〈臺灣省政府精省的社會發展解析〉，臺北：世新大學社會發展研究所碩士論文，2003 年。

17. 謝孟展，〈住宅社區規劃應用鄰里單元之研究——以中興新村為例〉，臺中：國立中興大學都市計劃研究所碩士論文，1993 年。

18. 謝澤業，〈中興新村疏遷時期建設藍晒圖之研究（1956～1972）〉，雲林：國立雲林科技大學文化資產維護研究所碩士論文，2012 年。

19. 戴嘉慧，〈臺灣花園城市中興新村——烏托邦想像之境？〉，臺北：國立臺北大學都市計劃研究所碩士論文，2013 年。

九、網路資料

1. Google 地圖。

2. 林燕如撰稿，黎明新村的挑戰|我們的島〔線上資源〕，https://ourisland. pts.org.tw/content/%E9%BB%8E%E6%98%8E%E6%96%B0%E6%9D%91 %E7%9A%84%E6%8C%91%E6%88%B0。

3. 國家文化記憶庫，https://memory.culture.tw/Home/Detail?Id=150345&Index Code=Culture_Place。

4. 重劃改道，黎明不再，https://www.newsmarket.com.tw/blog/57348/。

5. 劉永楙文書，https://archives.ith.sinica.edu.tw/news_con.php?no=334，中研院臺灣史研究所檔案館。

6. 臺中市西區區公所，https://www.west.taichung.gov.tw/2028660/post。

7. 臺中市政府觀光旅遊局，https://travel.taichung.gov.tw/zh-tw/Attractions/Intro/1074/%E9%BB%8E%E6%98%8E%E6%96%B0%E6%9D%91。

8. 臺中文學地景，黎明新村，https://localwiki.org/taichung-literary-landscape/%E9%BB%8E%E6%98%8E%E6%96%B0%E6%9D%91。

9. 臺中市文化資產 GIS 管理及查詢系統，https://culgis.taichung.gov.tw/taicul/index.html#。

10. 臺中市立黎明國民中學，https://lmjh.tc.edu.tw/p/426-1101-1.php?Lang=zh-tw。

11. 臺中市南屯區黎明國民小學，https://www.tc.edu.tw/page/d61c396e-63a3-4286-ac38-9874ac4092fe/school-content?id=760。

12. 臺灣百年歷史地圖，https://gissrv4.sinica.edu.tw/gis/taichung.aspx，中央研究院地理資訊科學研究專題中心。

13. 國立自然科學博物館，921 地震教育園區導覽簡介，https://www.nmns.edu.tw/park_921/about/。

附　錄

附錄 1：1953 年（民國 42 年）省府各單位借用近郊學校詳細分配表

單　位	疏散辦公人數	學校名稱	借用教室間數
秘書處	127	北投國校	8 間
民政廳	104	北投國校	禮堂一幢
財政廳	144	北投中學、關渡國校、社子國校	分別 5、5、6 間
教育廳	105	樹林國校	6 間
建設廳	148	新莊國校	12 間
農林廳	184	景美國校	5 間
社會處	58	木柵國校	4 間
警務處	147	新店國校	6 間
交通處	55	鶯歌國校	6 間
衛生處	60	木柵國校	5 間
新聞處	28	樹林國校	4 間
糧食局	105	土城國校	5 間
主計處	51	與財政廳合借	
人事室	30	北投國校	2 間
民防會	28	新店國校	1 間

來源：「密不錄由」（1953 年 8 月 8 日），〈本府各部門疏散辦公會議（0042/019/406/
1）〉，《臺灣省級機關》，國史館臺灣文獻館（原件：國家發展委員會檔案管理
局），典藏號：0040190020385022；「密不錄由」（1953 年 11 月 7 日），〈本府
各部門疏散辦公會議（0042/019/406/1）〉，《臺灣省級機關》，國史館臺灣文獻
館（原件：國家發展委員會檔案管理局），典藏號：0040190020385009。

附錄 2：臺灣省政府疏遷中部規劃委員會各組工作事項

組　別	工作事項
設計組	1. 疏遷工作之設計與規劃之事項。 2. 疏遷地區之選擇與分配事項。 3. 疏遷人員之計量與分配事項。
財務組	1. 疏遷經費之籌劃事項。 2. 疏遷經費之頒發事項。
審核組	1. 疏遷經費之審核事項。 2. 疏遷經費使用之監督事項。
交通組	1. 疏遷地區通訊技術之處理事項。 2. 疏遷地區道路之整修與興建事項。
土地組	1. 疏遷用地之選擇與分配事項。 2. 疏遷用地之徵購事項。
佈置組	1. 疏遷地區環境之佈置事項。 2. 疏遷辦公處所及宿舍之裝設與配置事項。

來源：整理自「省府疏遷中部規劃委員會組織規程草案案。」（1956 年 6 月 19 日），〈01 委員會議〉，《臺灣省政府委員會議檔案》，國史館臺灣文獻館，典藏號：00501045706。

附錄 3：臺灣省政府疏遷委員會（修正）各組工作事項

組　別	工作事項
秘書處	1. 文書處理事項。 2. 議事之編審進行事項。 3. 業務報告之彙辦與工作聯繫事項。 4. 本會業務之調查統計之彙集事項。 5. 交辦事項。 6. 本會人事異動之登記事項。 7. 其他部屬各組之業務處理事項。
設計組	1. （照舊）。 2. （照舊）。 3. 改列人員組職掌。
人員組	1. 疏遷人員之計劃與分配事項。 2. 有關疏遷員工及眷屬之調查統計事項。
財務組	1. （照舊）。 2. （照舊）。
審核組	1. 疏遷經費預算之編審事項。 2. 疏遷經費使用之記錄查核事項。

交通組	1.（照舊）。 2. 疏遷地區交通之規劃事項。
土地組	1. 疏遷用地資料之蒐集與製圖事項。 2. 疏遷用地征購之協助事項。
佈置組	1.（照原案2)改列綠化組職掌。 2. 疏遷人員公物之運輸及損耗補貼等事項。
綠化組	1. 疏遷地區環境之佈置事項。 2. 疏遷地區環境之綠化事項。

說明：
（1）關於文書處理，議事審核，業務報告之彙辦，調查統計，人事異動登記及部屬各組之事項，未設有負責部門。因此增設秘書組承辦上項業務。
（2）關於員工眷屬之調查統計事項，未有負責部門。因此，增設「人員組」，由人事處派員兼任。
（3）審核組之執掌規定。與該組實際業務，頗有出入，擬修改為「有關疏遷經費預算之編審事項、有關疏遷經費使用之記錄查核事項」，俾能實際執行會計業務。
（4）交通組實際業務僅為交通規劃，不負修建工作，其職掌之2日，擬修正為「有關疏遷地區交通之規劃事項」，以符實際。
（5）土地組執掌第1條與原設計組執掌之2條有混淆不清之處，擬修正為「有關疏遷用地資料之蒐集與製圖事項」，又第2條有關疏遷用地之徵購，實際上土地徵購工作，係由南投縣政府擔任，該組僅負協助任務，為求名實相符，擬在徵購之下，增加「協助」二字。
（6）佈置組執掌第1條，有關疏遷地區環境之佈置事項，實際上係由綠化小組擔任，擬予廢除改列，其原第2條遞改為第1條，並增列「有關疏遷人員公物之運輸及損耗補貼等事項」，以符該組實際業務。
（7）議前任合設之「疏遷地區綠化環境執行小組」，給予正式納入疏遷系統之下。於本條增設「九、綠化組：有關疏遷地區環境之佈置事項、有關疏遷地區環境之綠化事項」以符法規。

來源：「疏遷委員會提：為健全本會組織，加強邊疏業務，經本會第十五、六次委員會研討決議通過將前訂組織規程，予以修正，茲檢具組織系統職掌表及組織規程對照表，請核議由。」（1958年2月11日），〈01委員會議〉，《臺灣省政府委員會議檔案》，國史館臺灣文獻館，典藏號：00501053104。

附錄4：光復新村道路列表

A. 主要道路：寬約10～12公尺 （作為對外交通使用，可連接至聯外道路）	新生路、信義路、民生路、民權路
B. 次要道路：寬約7公尺 （計畫區主要通行道路，可連接至主要道路）	仁愛路、中華路、成功路、民族路、自由路
C. 社區道路：寬約5～6公尺 （提供社區相互串聯使用，可連接至主要道路）	新生路70巷、忠孝路、和平路、愛國路、建國路、中山路、中興路

來源：整理自國家文化記憶庫，https://memory.culture.tw/Home/Detail?Id=150343&IndexCode=Culture_Place，檢索日期：2021年1月22日。

附錄 5：中興新村道路層級分類

類　別	道路寬度（公尺）			備　註
	車　道	人行道	合　計	
幹線	15	5	20	南北向（中正路）
主要道路	10	3（×2）	16	環繞鄰里全區的道路（光明一路）
	8	3（×2）	14	南北向橫向貫穿的道路（光明四路）
次要道路	6	3（×2）	12	分割街廓、區間聯繫
便道		2-3		供二樓住戶出入使用的步道

來源：王怡雯，〈中興新村的現代性——西方理想城鎮規劃的臺灣經驗〉（臺中：東海大學建築學系碩士論文，2002 年），頁 144。

附錄 6：1960 年前後的道路系統對照表

1960 年前	1960 年後
臺北路	省府路
基隆路	府西路
中正路	光華路
宜蘭路	光華一路
桃園路	光華二路
新竹路	光華二路一街
苗栗路	光華二路二街
嘉義路	光華三路
臺中路	光華四路
南投路	光華四路一街
澎湖路	光華五路
彰化路	光華六路
雲林路	光華十路
成功路	中學路
銘傳路	光榮東路、光榮西路
花蓮路	光榮東路一街、光榮北路四街
建國路	光榮北路
臺南路	光榮北路一街、二街、三街
高雄路	光榮北路五街、六街、七街

屏東路	光榮西路一街
愛國路	光榮南路、光榮南路一街、二街、三街、四街
臺東路	光榮南路一街
中華路	環山路
中山路	中正路

來源：鍾起岱，《中興新村學：從臺灣省政府到高等研究園區》，頁 308～309；臺灣
省文獻委員會，《臺灣省政府中興新村耆老口述歷史座談會紀錄》，頁 52。

附錄 7：中興新村行道路的變遷

路　　名	現植行道樹	原植行道樹
府西路	大王椰子	大王椰子
省府路	大王椰子、小葉欖仁	大王椰子、鳳凰木
光華路	大王椰子	大王椰子、茄苳
光華一路	棍棒椰子	棍棒椰子
光華二路	龍眼樹	桉樹
光華二路一街	龍眼樹	桉樹、銀樺
光華二路二街	龍眼樹	鳳凰木、銀樺
光華三路	龍眼樹	鳳凰木、銀樺
光華四路	龍眼樹	鳳凰木、銀樺
光華四路一街	龍眼樹	鳳凰木、銀樺
光華五路	印度紫檀	印度紫檀
光華六路	龍眼樹	銀樺
中學路	桃花心木、鳳凰木	桃花心木、鳳凰木
光榮北路	樟樹	茄苳樹、鳳凰木
光榮北路一街	芒果樹	桉樹
光榮北路二街	芒果樹	桉樹
光榮北路三街	芒果樹	桉樹
光榮北路四街	白千層	白千層
光榮北路五街	芒果樹	鳳凰木、銀樺
光榮北路六街	芒果樹	銀樺
光榮北路七街	芒果樹	銀樺
光榮東路一街	白千層	白千層

光榮東路	桃花心木	桃花心木、銀樺
光榮西路	桃花心木	桃花心木
光榮西路一街	芒果樹	芒果樹
光榮南路	龍眼、印度紫檀	印度紫檀
光榮南路二街	芒果樹	銀樺
光榮南路三街	芒果樹	銀樺
光榮南路四街	芒果樹	銀樺
環山路	白千層、芒果樹	白千層、芒果樹
中正路	菩提樹	菩提樹
光華十路	鳳凰木	鳳凰木

來源：鍾起岱，《中興新村學：從臺灣省政府到高等研究園區》，頁 322～323；臺灣省文獻委員會，《臺灣省政府中興新村耆老口述歷史座談會紀錄》，頁 52。

附錄 8：行政院各部會處局署中部辦公室設置地點一覽表

中部辦公室名稱	設置地點 （原省府所屬機關）	現在辦公處所地址
內政部中部辦公室	民政廳	南投市中興新村光華路一號
	兵役處	南投市中興新村光明路五號
	社會處	南投市中興新村光華路三號
	合作事業管理處	臺中市黎明路二段五〇三號六樓
	地政處	臺中市黎明路二段五〇三號一至三樓
	都市計畫委員會 建設廳第四科	南投市中興新村省府路三八號
財政部中部辦公室	財政廳	南投市中興新村光華一路三號
	稅務局	南投市中興新村環山路九之一號
	集中支付處	南投市中興新村中正路六號
經濟部中部辦公室	建設廳	南投市中興新村省府路四號
交通部中部辦公室	交通處	南投市中興新村省府路六號
行政院衛生署中部辦公室	衛生處	南投市中興新村光明路三號
行政院環境保護署中部辦公室	環境保護處	臺中市黎明路二段五〇一號六至八樓
行政院農業委員會中部辦公室	農林廳	南投市中興新村光華路八號

行政院文化建設委員會中部辦公室	文化處	南投市中興新村光明一路二五二號
行政院勞工委員會中部辦公室	勞工處	臺中市黎明路二段五〇一號六至八樓
行政院原住民委員會中部辦公室	原住民事務委員會	南投市中興新村光明路二七號
人事行政局中部辦公室	人事處 住福會	南投市中興新村省府路二號
主計處中部辦公室	主計處	南投市中興新村光華一路一號
	資訊中心	南投市中興新村光明路二五號
研考會中部辦公室	經研會 聯合服務中心	南投市中興新村府西路五六號
法務部中部辦公室	政風處	南投市中興新村光明路一之三號

附錄 9：中興新村及黎明辦公區省府各廳處會改隸中央各部會一覽表

中央各機關名稱	改隸省府機關名稱	現在辦公處所地址
內政部土地測量局	土地測量局	臺中市黎明路二段四九七號五樓
內政部土地重劃工程局	土地重劃工程局	臺中市黎明路二段五〇三號四樓
經濟部水利處	水利處	臺中市黎明路二段五〇一號一至五樓
行政院衛生署家庭計畫研究所	家庭計畫研究所	臺中市黎明路二段五〇三號五樓
行政院農業委員會水土保持局	水土保持局	南投市中興新村光華路六號
地方行政研習中心	公務人力培訓處	南投市中興新村光明路一號
法規會	法規會	南投市中興新村府西路五六號
訴願會	訴願會	臺中市黎明路二段五〇三號
文獻會	文獻會	南投市中興新村光明一路二五二號
公管處	公共事務管理組	南投市中興新村中正路一九四號
資料館	資料室	南投市中興新村中正路二號
圖書館	資料室	南投市中興新村光華路一二三號

來源：「公共事務管理組簽為臺灣省政府組織調整後，中興新村及黎明辦公區辦公處所設置調配事宜報請公鑒案。」（1999 年 7 月 5 日），〈臺灣省政府委員會議及主管會報第 1 次會議〉，《臺灣省政府委員會議》，國史館臺灣文獻館（原件：國家發展委員會檔案管理局），典藏號：00513000106。